新手都想看的
会计入门书

[日] 吉成英纪 ◎著　王志红 ◎译

世界のプロが学ぶ会計の教科書：資産負債アプローチで使える知識を身につける

U0347739

机械工业出版社
CHINA MACHINE PRESS

图书在版编目（CIP）数据

新手都想看的会计入门书 /（日）吉成英纪著；王志红译 . -- 北京：机械工业出版社，2025. 1. -- ISBN 978-7-111-77022-0

I. F230

中国国家版本馆 CIP 数据核字第 20245U8X68 号

机械工业出版社（北京市百万庄大街 22 号　邮政编码 100037）
策划编辑：石美华　　　　　　　　责任编辑：石美华　戴樟奇
责任校对：高凯月　王小童　景　飞　责任印制：李　昂
河北宝昌佳彩印刷有限公司印刷
2025 年 4 月第 1 版第 1 次印刷
170mm × 230mm · 16.25 印张 · 237 千字
标准书号：ISBN 978-7-111-77022-0
定价：89.00 元

电话服务　　　　　　　　　网络服务
客服电话：010-88361066　　机　工　官　网：www.cmpbook.com
　　　　　010-88379833　　机　工　官　博：weibo.com/cmp1952
　　　　　010-68326294　　金　书　网：www.golden-book.com
封底无防伪标均为盗版　　机工教育服务网：www.cmpedu.com

译者序

这是一本面向初学者的会计教材。

关于本书，译者有以下4点心得分享给各位读者。

第一，从理论的高度认识会计。本书强调会计的目的在于履行受托责任，通读全书，委托人不仅包括作为企业所有者的股东，还包括其他各种利益相关者。此外，随着经营环境的变化，对利益相关者的理解也不断发生着改变。这一点令多年从教的译者颇受启发，会计所提供的信息不应当只关注利润的高低，还应关注资源配置的合理性、负债结构的安全性、资金周转的效率性。同时就利润而言，在关注净利润数额的同时，还要关注利润率，关注利润增长趋势以及可持续性。无论是会计信息的利用者还是会计信息的提供者，都有必要意识到经营环境变化对会计提出的挑战。

第二，采用资产负债法说明会计原理。业务发生后，往往会使资产或负债的某些项目发生变化，当然也有可能出现差额的变化，还可以将差额区分为因出资产生的差额、因获得利润产生的差额以及其他差额。这种解释会计原理的逻辑对初学者来说比较容易接受。另外在具体形式上，本书采用程序化口诀，让初学者能够直观地理解财务报表的生成过程。

第三，以通俗易懂的方法解读财务报表。对于财务报表，本书一方面逐项解释了各种财务报表的含义，另一方面也结合会计准则进行了说明，让读者可以理解会计准则对于财务报表的影响。尽管日本企业财务报表的某些项目与我国企业存在差别，但基本结构是相同的。

第四，深入本质分析财务比率。对于财务分析，本书围绕ROA和

ROE 展开，但不局限于对这两个指标的计算，而是深入其内在本质，分析数字背后的事实，据此做出合理的评价。本书对日本企业不同时期的 ROA 和 ROE 进行了具体分析，并对标美国反思日本的差距，这种分析方法也值得我国借鉴。

希望本书能够在理解会计原理和掌握财务报表分析方法等方面助读者一臂之力。

前言

　　现在的环境变化不仅呈现多样化，而且变化的速度非常快。笔者认为，世间的变化分好坏两种情况，其中不乏回到原有状态的变化。会计界也发生着各种各样的变化，如新的会计准则发布，新出现的对信息披露的要求达到了前所未有的高度。笔者置身于这些环境中，在过去的20多年里从事企业会计培训，深感自身会计入门知识的解说方法也在相应地不断进化，可以得心应手地进行更为快捷、更为严密、更不产生理解歧义、更有应用价值的说明。本书就是为总结这些心得体会而作。

　　为了使初次拿到本书的读者了解其中的内容，下面对各章的内容进行简要介绍。

　　第1章和第2章是会计入门内容。面向初学者的会计教学方法有两种，一种方法是先不讲理论，先让他们掌握技术；另一种方法是从理论开始，先理解，再练习。本书采用后者的做法。在解说理论时，本书力求兼顾彻底、简单和严密。之所以这样考虑，是因为在解读反映工作完成情况的数字时，人们能够透彻理解的自信和始终严密正确地理解都很必要。

　　非常庆幸的是，迄今为止，从资产与负债的定义开始说明的方法得到了众多好评，听过笔者讲课的很多人都说"容易理解"，流露出喜悦之情，给予了很多正面的评价，笔者在此表示衷心的感谢。笔者认为，可以把资产负债法理解为近年来源于企业培训现场的"解说方法的进化"，以及"更容易理解的解说版本"。

　　另外，关于会计的理论性说明，如果从一般意义来看，本书包含了很多入门书中不会出现的高阶内容（但这些内容是正确地从事商业活动所需要掌握的)。本着让初学者也能明白的目的,笔者对这些内容进行了解说。虽然尝试理解这些高阶内容非常有挑战性,但笔者非常希望大家去尝试。笔者认为这是其他书很难有的特点。

第3章介绍财务报表的解读方法。采用的方法是在理解基本框架的基础上分别说明各个部分。对新的"收入确认准则",也以容易理解的方式进行了介绍。一些普遍认为比较难理解的内容,如"现金流量表""收入确认准则""税务会计""金融商品会计准则"等,也变成初学者能充分理解的内容。

第4章的内容是经营分析。本书不仅介绍公式和计算,还会仔细解说重要比率的本质意义。以日本企业的数据为对象,使用日本财务省发布的法人企业统计年报资料,剖析日本企业整体数据。另外,对盈利能力指标进行解说时,采用强调各种指标联系和绘制示意图的方法。

除正文之外,本书还准备了可以轻松阅读的3个专栏话题。

笔者在"3种类型的控制"专栏话题中指出,企业中同时存在3种控制方式,即"依照规则和手册进行控制""凭借力量进行控制""根据原理和原则进行控制",应在了解各种控制方式优缺点的基础上,选择使用这些控制方式。这个话题非常有意思。

在"国际会计准则的观点与本书的说明方法"专栏话题中,简单解说了国际会计准则具体阐述与本书内容的对应情况。这也是在挑战"让初学者明白专业水平人士掌握的知识"。

在**"正在发生的时代的变化和可预见的受托责任的未来"**专栏话题中,就具有时代特点的关键词,笔者结合自己的看法进行了解说,包括"黑天鹅风险""从集中管控到分权""从规则基础到原则基础""SDGs 和 ESG 的趋势及其对企业经营的影响"等。此外,还介绍了国际可持续发展准则理事会(ISSB)发布的与可持续性信息披露和气候变化问题信息披露相关的准则。

接下来,读者可以带着愉悦的心情开始阅读正文。

希望你读完后不再是"不懂会计"的小白。

目录

第 2 章
资产负债法的会计入门实务

第3章
资产负债表、利润表、现金流量表的详细解读

第 4 章
以会计基本原理为基础的经营分析

第 1 章

最易懂的会计入门方法是哪种？

全球专业人士学习的会计书

运用资产负债法掌握可利用的知识

1.1 简单、清晰且正确地阐释概念和原理的国际准则

拿到本书的读者们也许立场各不相同，但笔者认为大家都抱有"想充分了解会计基本知识"的共同愿望。

在笔者看来，会计入门者通常可以通过以下途径了解会计。

①确立3级簿记考试合格之类的目标。合格后再制定更高的目标。

②阅读市面上销售的会计入门书。

③通过互联网寻找适合自己的学习网站。

当然，以上途径都可能行之有效，但对于活跃在某个领域的专业人士（笔者将工作时具有专业意识的所有人都视为本书所说的"专业人士"）来说，哪种途径才更好呢？

首先，①中所说的簿记考试属于技能检测的考试，如同某个人熟知汽车的结构和理论，但如果没有驾驶技能也不能开车一样。对于那些被分配到会计部门的年轻员工来说，首先迫切需要的是正确而迅速地掌握会计业务处理的技能。参加日商簿记之类的簿记考试是最佳途径，笔者也一直建议从事会计工作的年轻人这样去做。

但对那些活跃在会计部门以外的其他各种职场的专业人士（经营者、自由职业者、业务经理、制造部门管理人员、各种部门从业人员等）来说，他们为从事经营活动而了解会计基础知识时，需要的不是领会数字本身的含义，而是能准确理解并自信地向别人进行说明的能力。责任感越强的人，越不想谈论自身不够自信的内容。这当然可以理解。作为在各自部门和岗位负责的成年人，他们需要的不是正确且快速的会计业务处理能力，而是有助于增强自信心、能够从道理上真正说服他人的能力。同样是会计入门书，有的采用百问百答的方式，有的则侧重于说明理论逻辑。要想让成年人理解，就必须把理论逻辑讲清楚。而要弄清理论逻辑，就必须"不能模糊，要追求严密性"。

尽管"靠积累训练经验养成习惯"也是途径之一，但本书采用的方法是

㊀ 日商簿记考试可以理解为日本会计职业资格考试，包括3级（初级）、2级（中级）和1级（高级），所以3级簿记考试可以视为初级会计资格考试。——译者注

"首先从理论逻辑上加以理解,之后再考虑习惯养成"。成年人学习的特点是具有对理论逻辑的思考能力。

下面再谈谈途径②阅读市面上销售的会计入门书,以及途径③通过互联网寻找适合自己的学习网站。"会计入门"的书有很多,本书也是其中之一。本书没有尽挑其他教材的毛病。如上所述,"值得成年人阅读的会计入门书"所追求的,是让读者拥有"自己真的明白这个数字的意思"的自信。因此,对会计知识的阐述只讲究理论上的严密性和正确性是不行的,还必须考虑会计入门者实际上是否容易理解。有时运用孩子可以听懂的奇怪的比喻,不如单刀直入地进行缜密解释更容易理解,反之亦然。

虽然面临的挑战难度会很大,但是为了获得读者"这本书太好了"的好评,本书仍既想追求"严密性",又想兼顾"通俗易懂"。

笔者曾经给亚太地区的数十名年轻分析师讲授过会计和企业分析,经常听他们说"上大学期间学过会计入门课程,了解会计的基本知识"之类的话。的确,他们中不少人都能理解会计的基本知识。但在日本,"因为大学取得了会计课程的学分,所以了解会计基础知识"的人并不多,很多日本人往往通过阅读百问百答方式的会计入门书(如《请这样理解记账》《跟着入门教程操作》等)获取会计入门的知识。日本之外的国家面向初学者讲授会计入门知识时,更侧重于讲解概念和原理,而不采用打比方的方法,或让初学者死记硬背。

考虑到日本大企业多数管理人员都觉得会计难以入门的现实状况,笔者希望能助他们一臂之力。本书本着"用正确的概念和原理说明会计基础知识"的宗旨,更注重"严密性",更追求"通俗易懂"。

接下来开始进入本书的学习。

1.2　从原理开始介绍会计入门知识

1.2.1　会计目标与说明责任

究竟什么是会计呢? 是谁,出于什么目的,做些什么呢?

会计的起源可以追溯到古代美索不达米亚文明时代，在底格里斯河和幼发拉底河所包围的月牙形肥沃地带，会计最初只是记录并管理农村的谷物和家畜数量等。也就是说，会计是从记录和管理财产开始的。

之后，会计经历了各种各样的演变而发展至今。这些演变包括对不同借款人保留记录以避免与借款人发生争执，在中世纪的意大利出现了沿用至今的"复式记账"工具。

会计的历史尽管很有趣，但在当今时代，会计公认的最重要的意义是"履行说明责任"。

什么是说明责任呢？

由于接下来要进行一番本质上的说明，所以请原谅篇幅会有点儿长。

经营活动会有不景气的时候，如果出现损失的话谁来承担？因为是自己的责任，所以往往自己承担。在商业世界里，"承担责任"就是"承担损失"的意思。

如果世界上所有的商业活动都在个人和个人之间进行，那么话题可以到此为止了。但现实中，"企业"这种组织架构会被使用。企业里有股东和投资者。股东是指那些持有公司股票的人，投资者就是从事投资（包括股票投资）的人。实际上，持有股票的是股东，而还在犹豫是否应购买股票的人属于投资者。以集合的方式描述的话，笔者认为投资者包含现有股东。

这些股东和投资者本来也可以亲自从事经营的，股东可以自己站在店里接待客人。但他们普遍不会那么做，而会选择被称为"经营者"的一类人，"委托"他们从事经营。这个"委托"就成了重要的关键词。

接受委托的经营者会获取报酬并努力工作。但是如前所述，做生意有时会遭遇不顺。今年出现了巨额损失，怎么办呢？这个损失由谁来承担？是作为委托人的股东承担损失，还是接受委托的经营者承担损失？

答案从一开始就很清楚，100% 由股东来承担，经营者连 1 日元都不用赔偿。针对这一说法，有人就会产生以下质疑，"唉？是这样吗？董事会成员承担损失赔偿责任，他们肩负着沉重的责任吧？"当然，如果经营者有犯罪或恶意经营等重大的违反义务或懈怠行为，那么需要承担损失赔偿责任。但那属于处罚犯罪层面应考虑的事，如同对自行车偷盗者理所当然应实施逮捕一样。现在所讨论的不是处罚犯罪的问题，而是正经的生意和商业活动。仅从这一点来说，现实企业中作为所有者的社长与社长以下的所有雇员之间就存在区别，雇员不承担哪怕 1 日元的损失，或者说雇员是"连 1 日元责任都不承担"的人。

顺便说一下，不能把辞任董事会成员看成责任的解除，这属于"因为我不能再托付给你，所以选择别的经营者"的决定，是合理的交易行为，并非对损失的赔偿。反之，"自己承担责任而辞职"也不是要承担责任，最好也不要使用承担责任这样的表述方法。辞任就是宣告"我不是值得被委任的人选，所以选择退出"，1 日元的责任都不应承担。1 日元的责任都不承担并且也没有承担能力的人像背台词一样地说"负责任"，在真正负责任（承担损失）的人看来不免很可笑。

经营者把工作委托给管理人员，管理人员把工作委托给普通员工。在公司内部，委托、被委托的连锁关系如同链条一样连绵不断。为公司工作的员工有几百人也好，几千人也罢，我们都可以将他们（作为所有者的社长除外）视为"由 1 日元责任都不承担的个人构成的集团"。

说点儿题外话，相信你也有过这样的感受，虽然自己是个能承担责任的人，但有时也会做干私活、提供虚假报告等对组织不利的事，这就属于"会计舞弊"和质量伪造等行为。真正承担责任的人（即承担损失的人）的轻度隐瞒行为，在某些场合下是可以理解的（尽管社会层面不允许）。尽管大部分日本企业的恶性丑闻都属于隐瞒、欺诈、伪装、虚假报告等信息操控行为，也不过是 1 日元责任都不承担的人为保全自身而行骗的案例。"一时的谎言是为了拯救公司""自己变坏是为了公司"往往是有能力承担责任的人将其行为正当化的辩解词。

言归正传，经营者以下的所有员工都没能力承担责任，在开始讨论之前必须清醒地认识到这一点。不过是否可以认为这些员工就属于"无责任集团"了呢？那也未必。

这些员工不是"承担责任"的人，而是"履行责任"的人。区别在于

"承担"和"履行"。承担责任的是股东，受股东委托从事经营的人是责任的履行者。关于应履行的责任，有以下两点需要说明。

第一，社长以下的全体员工承担着相同性质的责任。这种责任就是"认真做好自己的本职工作"，英语中称为"responsibility"。当然，社长和打工学生的工作量大小及其影响存在着巨大的差别，但其性质是完全一样的。笔者认为日本企业的这种责任感和责任意识实际上是很高的，因为企业的员工都理所当然地认为"既然是工作，就好好干"。对此笔者认为没有任何担心的必要。

第二，关于"应履行何种责任"，即"说明责任"，英语中称为"accountability"。一般认为该术语属于 20 世纪 60 年代美国的人造词。60 多年前的美国人将表示会计的"accounting"和表示责任的"responsibility"合为一体形成了"accountability"这一单词。尽管与此类似的概念很久以前就有，而且随着时代的发展其重要性还在增强，但笔者认为生活在英语圈的人由于想用一个单词来表达这种概念，就创造了这一单词。也许是因为生活在日语圈的人还没有创造出该术语，"accountability"经常被认为是很难翻译成日语的英语单词。

因为是"accounting（会计）"和"responsibility（责任）"结合而成的单词，所以"accountability"直译的话就是"会计责任"。但如果新闻记者向政治家提问"您认为这样就可以履行作为政治家的会计责任了吗？"，政治家们会一脸茫然。似乎英语的"accounting"在含义上比日语的"会计"更广。"account for"有"说明"的意思，也有"承担责任"的意思。

因此，"accountability"多翻译为"说明责任"，有时也译为"报告责任"或"受托责任"。但笔者感觉不论哪种译法，都无法表现出"accountability"最重要的内涵。如果译作"说明责任"或"报告责任"，可能会被理解为"说明了就好"或"报告了就好"，是不是有点儿部下对上司说"我把电子邮件转给你了"的感觉？"accountability"从根本上与此不同，也不意味着被动地做某事，如"按照指示做了""按规则要求做了"等。

"accountability"是指，在同时具备①被委托了某事和②委托方承担损失这两个条件的情况下，被委托方自然产生的能动责任。其目标是"让委托方合理地接受，让其放心"。所谓合理，并不意味着"相信你"，而是指委托方对被委托方的判断和工作态度在逻辑上予以认可。尽管"取得信任"是好事，但仅此是不够的，合理的另一层意思是，被委托方没有必要满足任何不合理要求。

让他人合理地接受、让他人放心的意思不只是"传达已发生的事实"，还意味着希望对方认可在给定环境的条件下自己做出了最好的判断以及展现出了最佳的工作态度，是将"通过努力实现了值得报告的事实"包含在其责任范围之内，不是"报告即可"，其差别犹如"说明责任"与"菠菜"一样。

只要存在"委托"与"被委托"的关系，并且以"委托方承担损失"为前提，自然就会产生"受托责任"。政治家和民众的关系（委托制定法律），医生和患者的关系（委托治疗身体）也一样。负有责任（承担损失）的是委托方。如果依据不够合理的法律，民众共有的资产价值被损害，那么民众当然会承担损失，政治家不需要赔偿。所以政治家对民众必须履行受托责任。当权者负有说明责任，其理由在于"受了委托""委托方会承担损失"。医生与患者的关系也一样，患者委托医生进行治疗，但是承担药物副作用和手术失败风险的是患者，所以医生负有主动向患者说明这些风险的责任，"被问到才回答"是不够的。

"说明责任"必须具有主动性的另一个原因是存在"信息的不对称性"。多数情况下，被委托方掌握着更详细且最新的信息，且具备更强的专业性。从这个意义上来说，有必要进行主动的说明。

经营者作为股东和投资者的被委托方，需要报告经营的结果，这就是"会计是做什么的？"的答案所在，该结果也被称为年度决算报告。编制报告的目的首先在于履行"说明责任"，该责任是主动的责任。

年度决算报告不是因为法律和会计准则的要求才编制的，而是因为"编制年度决算报告是理所当然的事"。其当然性和主动性的重要程度如同人类实际能感受到的东西一样。很多人只觉得"之所以必须编制年度决算报告，是因为受各种各样规则的制约"。其实规则只不过是一种公共性规范，其制定目的在于降低社会整体的成本。世界上如果没有规则，任凭各企业以不同的方式提供年度决算报告，那么无论是该报告的提供者还是利用者都会不知所措。重要的是认识到"制定规则是理所当然的"。那些认为年度决算报告是应规则要求而提供的人，无论其会计规则方面的知识掌握得多么丰富，都可以断定其"完全没领会最重要的会计本质"。如果具备了"被委托了某事"以及"委托方承担损失"这两个条件，在没有谁要求的情况下，如果对下面的观点没有切肤之感的话，就说明他对会计一无所知，即"说明自己的工作态度，想让对方合理地接受，通过说明让对方放心。不那样做的话，会坐立不安"。会计最重要的是**"被委托者主动承担说明责任"**。

以上解释虽然很长，但是希望读者能够理解会计是履行"受托责任"的工具。反过来可以说，为了成为公司的"被委托方"，也同样有必要学习会计。

现如今除了对股东和投资者的"受托责任"外，应当对客户甚至更广泛的社会整体履行"受托责任"的讨论日渐增多。在经济状况复杂化、变化预测难度加大、技术水平高端化和专业化进程中，从所谓的社会分工的角度来看，产生了"关于××制作，社会交给了××公司""受委托的××股份公司承担着对社会的说明责任"等观念。此外，人们不仅对气候变暖、可持续发展等问题越来越关心，也在关注经营者是否具备将其转换为商机的智慧。如果能够厘清自由主义、自我责任、委托（被委托）、说明责任之间逻辑关系的发展脉络，那么面对全球正在发生的要求披露可持续性方面信息的新动向，读者就可以更明确地理解其意义所在。

1.2.2 说明责任以外的会计目标

除了"说明责任"，会计是不是还有其他意义？

回到会计意义的话题上来。会计有必要存在的最主要理由是履行"说明责任"，除此之外还有别的理由，即信息提供和利益调整。

先就信息提供进行说明。跟企业存在某种关联的有股东和投资者，也有债权人、员工、政府、社区居民等，他们是企业的利害关系人，或称为利益相关者。会计提供便于利益相关者进行某种决策的信息。不过，现实中的会计准则制定者并不会同等考虑所有利益相关者，考虑最多的（几乎排在第一位）往往是投资者。尽管不可能把所有人都视为信息披露对象，但披露让专业投资者满意的信息，同时也能满足其他利益相关者的需求。

再来说明一下利益调整。在法律和合同中，有时会利用会计数据对企业和相关人员的行动设置某种限制。例如，如果公司赚钱，会通过现金等形式，将一部分利润分配给作为公司所有者的股东（称为分红）。虽然股东对此很高兴，但是给公司提供贷款的银行会感到不安，因为如果过于大手笔分红的话，企业现金可能会出现不足，银行贷款可能无法偿还。对此，法律规定可通过将会计数据代入公式计算分红的金额上限。因此，会计数据起到调整股东与债权人之间利益的作用，这就是利益调整的具体表现。

1.2.3　会计应报告哪些内容

会计报告的主要对象是股东和投资者。

股东和投资者想知道什么呢？

如果你问 100 位投资者，你会得到 100 种答案。

想知道经营者如何判断现代环境的变化。

想知道经营战略。

想知道现在状况如何，公司是有钱还是缺钱。

想知道今年赚了多少利润。

但是如果求最大公约数的话，100 个人的回答几乎可以用一句话来表达，就是"公司的将来"。所以说到底，投资者（包括股东）想知道的是"公司的将来"。

当然其中也有例外，有人也许会说"我对将来完全没有兴趣"，这类人不属于本书关注的对象。

可是没有人能知道将来的事情。虽然预测公司将来一定会成长还是可能面临衰退之类的问题是投资者的自由，但是根据责任自负的原则，预测落空时的损失仍需投资者承担。这里出现了自由和自己承担责任的讨论话题。谈论会计和金融话题时，只要联系到自由和自己承担责任的逻辑，很多事情都能完全理解。

预测未来是投资者的自由，责任也由投资者自己承担，因此不涉及会计的问题。

在对自己负责的未来进行预测时，投资者最想参考的信息是什么呢？

是公司过去的实际业绩。从过去的实际业绩中，投资者又想知道什么呢？

对此，如果询问100个投资者的话，也会有100种回答。

想知道有没有赚到钱。

想知道公司有多富或者有多穷。

想知道员工人数。

想知道营业店铺的数量。

想知道生产基地的情况。

……

总之，即便是过去的业绩，公司的业态不同，公司的情况各异，投资者想知道的事情一定会千差万别。

因此在会计的世界里，既有适应每个时代不同要求的议题，同时也形成了以下两个同等重要的永恒主题：

①公司有多富或者有多穷？

②业务开展是否顺利？

这两个问题像自行车的两个轮子一样都很重要，虽然不同时代流行的观点不同，但是当下很多人都认为两者同等重要。笔者认为同时重视这两个方面是非常合理的。公司即使很穷，如果业务开展顺利的话，变得富裕起来是指日可待的事。反之，即使现在富有，如果业务开展不顺利的话，那么不久就会沦落到贫穷境地。

1.2.4 公司有多富或者有多穷

那么，首先来考虑一下主题①公司有多富或者有多穷。

富有还是贫穷？

如果想知道某人是富有还是贫穷，需要利用什么样的信息？

首先是要知道那个人拥有哪些资产，资产数额有多少？

（顺便说一下，关于会计上资产的定义，后面会详细说明。）

这样就足够了吗？

如果有人在你面前宣称“我有 100 亿日元的资产”，大概你会觉得那个人“很有钱”吧。但是如果那个人还说“我还有 300 亿日元必须偿还的负债”的话，你一定会觉得“好可怜啊”，而不再觉得他很富有。

（这里的负债指的是“支付义务”，有“背负着负债”的说法。负债的定义也会在后面详细说明。）

也就是说，想知道某人富有还是贫穷时，需要的信息有以下两种。

● 持有哪些资产，资产数额是多少？
● 背负着哪些负债，负债数额是多少？

如果某人拥有 100 亿日元的资产和 60 亿日元的负债，脑海中就会迅速计算出差额（称为计算净额），明白其“是个大约拥有 40 亿日元的有钱人”。

观察公司的时候也一样。

● 公司持有哪些资产，资产数额是多少？
● 公司背负着哪些负债，负债数额是多少？

如果说资产有 100 亿日元，负债有 60 亿日元，那么就知道公司财产净额是 40 亿日元。这个财产净额称为“所有者权益”，是指资产和负债的差额。

总结一下，如果需要知道公司有多富或者有多穷，那么有必要提供资产和负债两个方面的信息。同时，向读者展示资产和负债的差额（即所有者权益的金额）也很令人感到亲切。

把“资产”“负债”“所有者权益”编成一份报告，称为“资产负债表”。

资产负债表是由“资产”“负债”“所有者权益”构成的一份报告，如图 1-1 所示。

图 1-1　资产负债表

下面梳理一下有关术语。

资产负债表在英语中被称为平衡表（balance sheet），由于平衡表这个词在日语对话和文章中都会使用，所以读者要知道。

平衡表简称 B/S，读作"BS"，写的时候在正中间加斜线（/）。

1.2.5　资产负债表的变化

公司会办理各种各样的业务。

进货了。

支付了进货款。

向顾客销售了商品。

收到了销货款。

支付了工资。

支付了房租。

支付了电费。

存在银行的存款有了利息，所以账户的余额增加了（虽说很少）。

从银行获得了借款。

向银行归还了借款。

向银行支付了利息。

从股东那里获得了追加投资。

向股东进行利润分配，支付了现金。

除了这些，实际上还有很多种类的业务。

如果公司发生了业务，"资产"和"负债"中的某一方，或者双方一定会有变动。这里的"变动"是"金额增加或减少"的意思。为什么一定会变动呢？

笔者认为，只有导致"资产"和"负债"金额发生增减变动的业务，在会计的世界中才被称为"业务"。

根据"资产"和"负债"差额的变化情况，公司发生的业务可以分为以下4种类型。

- 第1类，资产和负债差额没有变化的情况。
- 第2类，通过股东出资，资产和负债差额发生变化的情况。
- 第3类，由于公司盈利（亏损），资产和负债差额发生变化的情况。
- 第4类，出于其他原因资产和负债差额发生变化的情况。

第4类将在第2章中进行说明。

此处按顺序依次对第1、2、3类进行说明。

第1类　资产和负债差额没有变化的情况

> **例1-1　假设从银行借了100万日元，资产和负债会发生什么变化呢？**
>
> 借了100万日元后，首先钱这种资产会增加100万日元。把钱这种资产叫作"现金"。
>
> **发生的变化①**　现金这一资产增了100万日元。
>
> 然后对银行产生了必须偿还的义务。
>
> 这种义务称为负债。另外，把这种负债称为"借款"。
>
> **发生的变化②**　借款这种负债增加了100万日元。

这里的要点是，由于资产和负债增加了相同的金额，所以资产和负债的差额不变。

> **例1-2　假设用现金50万日元买了桌子，资产和负债会发生什么变化呢？**
>
> 桌子这种资产会增加50万日元。现在把桌子称为"备品"。

> 发生的变化① 备品这一资产增加了 50 万日元。
>
> 与此同时，现金这种资产减少了 50 万日元。
>
> 发生的变化② 现金这一资产减少了 50 万日元。

这里的要点是，虽然某项资产增加了，但由于另一项资产减少了，资产整体上没有增减，所以资产和负债的差额不变。

> **例1-3** 假设向银行偿还了 50 万日元借款。为了简单起见，不考虑利息的因素。
>
> 偿还 50 万日元后，首先手头的现金资产减少了 50 万日元。
>
> 发生的变化① 现金这一资产减少了 50 万日元。
>
> 与此同时，银行借款这种负债减少了 50 万日元。
>
> 发生的变化② 借款这一负债减少了 50 万日元。

这里的要点是，由于资产和负债减少了相同的金额，所以资产和负债的差额不变。

诸如此类，很多业务都会导致资产和负债金额发生变动，而两者差额保持不变。可能的话，请设想还有哪些业务属于这种类型。

第 1 类的说明到此为止。

第 2 类　通过股东出资，资产和负债差额发生变化的情况

接下来考虑一下资产和负债差额发生变化的情况。首先考虑接受股东出资的业务。

> **例2** 假设获得了股东 300 万日元的现金出资，资产和负债会发生什么变化呢？
>
> 获得了 300 万日元的出资，公司的现金增加了 300 万日元。

> **发生的变化①**　现金这一资产增加了 300 万日元。
>
> 还有其他资产和负债的增减变动吗？没有。
>
> **发生的变化②**　其他资产和负债的金额没有发生变化。
>
> 结果是，资产和负债的差额产生了 300 万日元的变动。

这样，获得股东出资后，资产会增加，但是负债不会变化。

因此，获得股东出资会导致资产和负债差额发生变化（相反，由于股东撤资等，资产和负债差额减少的情况属于特殊情形，所以在此不再赘述）。

接受出资使资产和负债产生了差额。

这一差额应该称为什么呢？

资产和负债的差额称为"所有者权益"。

"所有者权益"这个词的定义以后再说，此处有一点请牢记，即获得股东出资会导致资产和负债的差额增加。

这里请注意，因股东出资产生的差额称为"资本金"。

所有者权益是指资产与负债差额的全部。

资本金是所有者权益的一部分。所有者权益中，因接受出资而产生的差额部分被称为"资本金"。出于接受出资以外其他原因而产生差额的情况后面再进行说明。

资本金这个词很容易让人产生混乱。所谓资本金，实际上并不是指资金存放在某个地方，只是说明"因出资产生了差额"的一个词语。资本金这种说法会让人产生收到资金之类的误解。

例如现金这一资产是实际存在的。资产和负债都是真实存在的，或许看不见，但作为权利和义务存在于这个世界中。而所有者权益只是一个差额，没有任何存在形式。所以写作资本金这个词语也只是为了说明，资本金并不以某种形式存在于某个地方。

说到"资本金为 1 亿日元的公司"，很多人会认为公司的保险柜里应该有 1 亿日元的资金，其实不然。如果保险柜里真有 1 亿日元的话，那也并非资本金，而是作为"现金"的资产。资本金为 1 亿日元只不过是"这个 1 亿日元是因投资人出资产生的差额"这一说明性句子的浓缩，这才是资本金的本意所在。

它就跟"早上好"一样，不是实际存在的某个事物，只是一种口头语。稍后还会再提及。

因股东出资而产生所有者权益（差额）的例子已经介绍了。除资本金外，是否还有产生所有者权益（差额）的其他情况呢？

第3类　由于公司盈利（亏损），资产和负债差额发生变化的情况

例3-1　假设作为咨询服务报酬，从客户那里收到了100万日元的现金。

公司的现金增加了100万日元。

发生的变化①　现金这一资产增加了100万日元。

还有其他资产和负债的增减变动吗？没有。

发生的变化②　其他资产和负债的金额没有发生变化。

结果是，资产和负债的差额发生了100万日元的变动。

在这个例子中，由于公司获利而导致差额增加。

公司获利的话，差额会增加。由于获利而导致差额增加，这样的差额称为"留存利润"。

留存利润是所有者权益的一部分。

再重复一遍，资产和负债的差额称为所有者权益。

因投资者出资产生的所有者权益（差额）称为资本金。

因获利产生的所有者权益（差额）称为留存利润。如图1-2所示。

图1-2　资产负债表

接下来考虑一下资产和负债差额减少的情况。

> ### 例 3-2　假设支付了 10 万日元现金的房租。
>
> 公司的现金减少了 10 万日元。
>
> **发生的变化①**　现金这一资产减少了 10 万日元。
>
> 还有其他资产和负债的增减变动吗？没有。
>
> **发生的变化②**　其他资产和负债的金额没有发生变化。
>
> 结果是，资产和负债的差额减少了 10 万日元。

在这种情况下，留存利润会减少 10 万日元。也就是说，由于利润的变化，资产和负债差额减少了 10 万日元。当然，留存利润并不以某种形式存在，只是说明性的词语。

顺便说一下，出资和获利以外引起资产和负债差额变动的情况（即第 4 类出于其他原因，资产和负债差额发生变化的情况）将在第 2 章进行说明。

至此，对资产负债表的整体有所掌握了吧？

首先它显示了资产和负债两个方面。

关于差额，有"因出资产生的差额"和"因获得利润产生的差额"。

据此，可以明确以下两点。

- 观察资产和负债两个方面，可以知道公司是富有还是贫穷。
- 观察资产和负债两个方面，可以了解财产净额的形成过程。

了解形成过程后，就可以知道公司财产净额中，有多少是股东出资产生的金额（资本金），有多少是公司靠自己的力量获利产生的金额（留存利润）。

它就像一份履历，显示了公司财产净额形成的过程。

也可以把公司比作人进行说明。

大富豪的懒惰儿子 A 的例子

A 从父母那里继承了 100 亿日元的巨额遗产，但不擅长经营。

之后，财产净额减少了 60 亿日元，现在变成了 40 亿日元。

如果将继承遗产比作出资的话，在 A 的 B/S 中，

（为简单起见，假设负债为零。）

继承之初，

资产是 100 亿日元，资本金是 100 亿日元。

现在，

资产为 40 亿日元。资本金为 100 亿日元，

留存利润为 −60 亿日元。

所有者权益合计为 40 亿日元。

出身贫寒但很能干的 B 先生的例子

B 先生创业时几乎身无分文，但是有做生意的天赋，也很努力。

之后，他积累了 40 亿日元的财产净额。

关于 B 先生的 B/S，

（为简单起见，假设负债为零。）

创业之初 B/S 几乎全部是零。

现在，

资产为 40 亿日元。

资本金几乎为零，

留存利润为 40 亿日元，

所有者权益合计和 A 一样，为 40 亿日元。

所有者权益合计虽说是"同样的 40 亿日元"，但两者的形成过程存在很大的不同。究竟选择擅长经营的 B，还是选择出身富裕家庭的 A，不同情况下判断的结果也许不同（一般选 B）。这样来看，资产负债表不仅可以显示资产与负债的金额和内容，还可以显示财产净额如何形成（出资还是获利）。

由此让人想到了会计上一直重视的以下两个主题。

①公司有多富或者有多穷？

②业务开展是否顺利？

主题①已经解释过了，接下来说明主题②。

1.2.6　业务开展是否顺利

首先回顾一下前面的例 3-1。

> **假设作为咨询服务报酬，从客户那里收到了 100 万日元的现金。**
>
> 公司的现金增加了 100 万日元。
>
> **发生的变化①**　现金这一资产增加了 100 万日元。
>
> 还有其他资产和负债的增减变动吗？没有。
>
> **发生的变化②**　其他资产和负债的金额没有发生变化。
>
> 结果是，资产和负债的差额（留存利润）发生了 100 万日元的变动。

这个例子还有下面的后续。

现在留存利润增加了 100 万日元。如果是普通的公司，资本金的金额不会频繁变动，但留存利润实际上每天都在频繁地增减变动。

现在假定你觉得这种留存利润的增减变动非常频繁，所以另做一个分类明细表。

会计上通过收入的明细分类记录来反映留存利润增加。

（详细定义以后再说明。）

这种情况下，收入称为"销售收入"。

发生的变化①　现金这一资产增加了 100 万日元。

发生的变化②　其他资产和负债的金额没有发生变化。

↓其结果，

差额为留存利润增加了 100 万日元。

↓明细是什么呢？

"销售收入"这一收入增加了 100 万日元。

↓顺便说一下，

本期的利润增加了 100 万日元。

变化过程如上所示。

接下来再回顾一下前面的例 3-2。

假设支付了 10 万日元现金的房租。

公司的现金减少了 10 万日元。

发生的变化① 现金这一资产减少了 10 万日元。

还有其他资产和负债的增减变动吗？没有。

发生的变化② 其他资产和负债的金额没有发生变化。

结果是，资产和负债的差额（留存利润）减少了 10 万日元。

会计上通过费用的明细分类记录来反映留存利润减少。

（详细定义以后再说明。）

这种情况下，费用称为"支付房租"。

发生的变化① 现金这一资产减少了 10 万日元。

发生的变化② 其他资产和负债的金额没有发生变化。

↓其结果，

差额为留存利润减少了 10 万日元。

↓明细是什么呢？

"支付房租"这一费用增加了 10 万日元。

↓顺便说一下，

本期的利润减少了 10 万日元。

变化过程如上所示。

1.2.7 利润表是反映本期留存利润增减明细的报告

此处将列出收入和费用的报告称为"利润表"。

此外，利润表用英语表达为 profit and loss statement，简称 P/L。

读作"PL"，写的时候在正中间加斜线（/）。

利润表本质上是本期留存利润的增减明细。

至此，想必大家对"会计应报告什么"有一定的直观理解了吧！

这种直观理解很重要。

下一章将会超越直观理解，针对会计的重要理念，正式进行概念和原理的阐述。

专栏话题 1　3 种类型的控制

此处想就 3 种类型的控制进行说明。

企业中同时存在 3 种控制方式。这些方式不存在哪种绝对好，哪种不能利用的问题，而是各自都有优缺点。聪明的经营者是在了解这些优缺点的基础上，根据不同的时间、地点和场景区分使用的。

请看下面的图 1-3。

依照规则和手册进行控制	凭借力量进行控制	根据原理和原则进行控制
• 依照规则和手册进行控制 "发出指令，执行指令"。 "按照指令完成"可得满分 100 分。 <优点> 当参与人数多、以高质量进行标准化工作为目标时，该控制方式能产生极佳的效果。 <缺点> 由于缺乏自主性，无法追究按照指示做事的责任。⇒不利于培养当事人意识和责任意识。 不能指望实现"这样做会更好"的改善。不会出现有创意的方案。⇒不会产生好上加好的效果。	• 凭借力量进行控制 <优点> 即刻显示效力。 短期争夺战中表现强势。 <缺点> 缺乏持久性。 剥夺责任意识。 不会产生附加价值。 没有必要全盘否定。	• 根据原理和原则进行控制 以"委托、被委托"关系为前提。 被委托方承担说明责任。 现场指挥官根据原理和原则进行判断与行动。 <优点> 遵循原理和原则（当事人内心的声音），（与服从他人相对）始终强调当事人意识和责任意识。 为实现共同目标，每个人都提供了新的想法，能产生好上加好的附加价值。 在环境发生较大变化的时代，该控制方式可以敏捷地强势应对环境变化。 <缺点> 不具备承担说明责任的能力和技能时，无法实施控制。 单纯依靠经验是不够的。 ⇒强调通过日常工作训练（OJT）提高承担说明责任的能力的必要性。

企业中同时存在 3 种控制方式。
重要的是根据不同目的区分使用 3 种控制方式。
在追求附加价值的当下，越来越倾向于根据原理和原则进行控制。

图 1-3　什么是管理（控制）？

这里的"控制"指的是 control。接下来要说的每一点都不属于新理念，而是在经营学、组织论、风险管理等领域一直讨论的话题。不过，把这 3 种控制方式进行对比是很有意思的。大家在日常谈论中也一定要灵活使用这 3 种控制方式，它们是"剖析组织的工具"。

下面说明这 3 种控制方式各自的优缺点。

第 1 种方式是"依照规则和手册进行控制"。这里的规则不仅包括公共法令等，还包括公司内部的规定和业务手册。

"依照规则和手册进行控制"的好处是，**当参与人数多、以高质量进行标准化工作为目标时**，该控制方式能产生极佳的效果。

适用于制造业的质量管理、运输业的安全管理、拥有多个营业门店时的营业门店管理等。

这种控制方式自古以来就为日本企业所擅长，也曾被视为国际竞争力的源泉。

不过，关于"依照规则和手册进行控制"的缺点，到现在为止鲜有讨论。

日本企业中，有很多管理者和经营者认为规则化和编制详细的手册是"好事"，质量管理部门出身的经营者大多给人此印象。规则和手册当然不是一定不对，但有必要弄清楚其消极的一面。

所谓"执行手册的规定"，就是不给对方自由，意味着"对没有给予自由的人不能追究责任"。

"既然没有给予自由，就不能承担责任"，会从整体上淡化组织成员的当事人意识和责任意识。尽管本书第 1 章提到，我认为在日本企业工作的人具有非常强烈的责任意识，但事物都不是绝对的，任何时候都不能过于依赖他们的这种优秀特质。有时会听到"都专门备有详细的手册了，可是成员就是缺乏责任感"这样的议论，其实这是理所当然的。

另外，推进"按要求去做"，就是在**扼杀"这样做会更好"的创意**。

对于稳定的现有业务来说，"依照规则和手册进行控制"通常非常有效，但在面临巨大的业务环境变化时，其弱点就会暴露出来。

有一个词叫作"指令等待者"。企业里通常有很多人认为"我的使命就是接受指令，按照指令要求完成工作"。这并非坏事，而是重要的公司财富。对他们来说，等待指令是理所当然的。问题不在于等待指令本身，而在于培养了只会等待指令、没有指令便无所适从的员工。"依照规则和手册进行控制"是以"**发出指令，执行指令**"为前提的控制方式，如果操作不当（放大其缺点的话），也会变成培养指令等待者的方式。

那么怎么办才好呢？有效的办法是"通过其他手段弥补缺点"。例如，过去日本企业中有"QC 小组活动"。针对质量管理（quality control），员工们在业务结束后以小组的形式聚集在一起，提出各自的想法。如果现在沿用当时的做法，就可能会遇到劳务管理方面的问题，但是在制造业作业标准化和机械化急速发展的那个时代，这种做法产生了激发员工树立参与意识和创新的效果，当时日本的制造业享有卓越创新的美誉。这种"换一种形式弥补缺陷"的应对策略比较可取。

即使是新业务领域，一旦确立了业务流程，就要尽快编制手册，这种做法为很多业态所采用，并且将来也仍有必要继续使用。重要的是领会其优缺点，在使用方法上下功夫。

第 2 种方式是"凭借力量进行控制"。这种方式主张"必须听从领导安排""部下要听上司的话""子公司必须服从母公司管理"。

这么说可能会让人联想到权力骚扰等。事实上，笔者觉得相反的实例反而更多见。例如，不少地方知名企业的社长身为创业家，人品非常好，作为经营者也很优秀，深受员工尊敬。这样的情况很多。在这样的企业里，所有员工都在揣度"社长的真实心意""如果是社长的话会怎么想"，都在按照"社长的意思"行动，这同样是很好的"凭借力量进行控制"。如果该控制方式在这些企业实施得很好，就没有必要去否定。能使员工充满激情地愉快工作，并且能为越来越多的企业带来良好的经营结果，笔者觉得就非常棒。

这种方法可以有条不紊地实施，并且属于当机立断的体制，所以具备"在短期争夺战中表现强势"的优势，在人才培养方面也具有速度快的优点。

尽管如此，由于这种控制方式的基本逻辑是"照我说的去做"，所以缺点是**成员的当事人意识和责任意识淡薄**。另外，由于控制的基本架构强调"按照要求去做"，所以也会**扼杀创新**。

这种控制方式的基本形式同样是"**发出指令，执行指令**"，所以如果运用不当，会变成**培养言听计从者的方式**。

话虽如此，还是有很多企业采用"凭借力量进行控制"的方式，产生让员工充满幸福感地工作的效果，所以笔者认为探究合适的使用方法同样很重要。

第 3 种方式是"**根据原理和原则进行控制**"。对企业来说，**原理和原则的核心是"企业理念"**，另外，还要形成符合不同职场特点的、职场成员共同遵守的最优先原则（例如，在危险作业的现场，"作业人员的安全最优先"等）。这些"**职场中共同遵守的最优先原则**"就相当于"**职场层面的原理和原则**"。

原理和原则不是规则。多数情况下，原理和原则本质上不是单纯的善恶二元论，而是反映自身将什么列为优先级，是"优先顺序的体现"。在英语中，原理和原则称为"principle"。

每个人都有属于自己的作为价值判断标准的原理和原则。它们如果能为组织中的伙伴所共享，就会成为组织的原理和原则。因此，原理和原则只有被共享才有意义。组织中仅有一个人坚持的观点，即使被提出，也终将是传播一下而已，不会有什么结果。

"原理和原则"原本属于"个人内心的原理和原则"，是"发自内心的声音"。从不服从他人、遵从自己内心的意义上来说，原理和原则从一开始就具有主体性。自由与责任是统一的，所以原理和原则从一开始就与责任意识相统一。

想必大家也赞同，虽然"靠力量约束""用规则和手册束缚"，成员也会听从安排，但唯有责任意识这个东西靠这两种控制方式无法产生，只有根据原理和原则进行控制才能培养成员的责任意识。

此外，根据原理和原则进行控制时，大家为了达成共同的目标，都会提出"这样做会更好"的想法，所以可以产生创新和附加价值。

这样来说，似乎"根据原理和原则进行控制就是最好的控制方式了"，但此处有一个陷阱。

根据原理和原则进行控制的做法，是让受委托的现场指挥官根据原理和原则进行判断和行动，因此需要确保他获得"正确的信息"，否则就会出现判断失误。在隐瞒事实和虚假报告横行的组织中，如果赶时髦地根据原理和原则进行控制的话，势必会吃苦头。与其那样做，不如用规则来束缚，靠力量来约束，会让企业更加安全。

也就是说，根据原理和原则进行控制的前提是"确保信息正确"，而要做到这一点，其成员必须具备承担受托责任的能力。

在委派工作时，我们往往倾向于"委派给老手"，但更重要的是，要确定受委托者是否具备承担受托责任的能力。

根据原理和原则进行控制，应以"委托与被委托"为前提。在目前环境变化的情况下，很多日本企业都迫切需要将经营委托给现场指挥官。可以说这是应对快速多样环境变化的必然选择，因为无论多么优秀的本部"精锐部队"，都不能继续采用中央集权式管理，向全世界发出详细的指令。

但是最近经常听到"从规则基础到原则基础"之类的话，这意味着什么呢？下面陈述一下笔者的看法。

有个词称为"员工素质"。其实笔者平时不怎么用这个词，因为稍不留神就可能与差别化相联系。但除此之外没有更好的词语，而且用起来非常方便，所以只在此处使用。

粗暴地讲，在员工素质不高的企业集团中，实际上"凭借力量进行控制"效率最高。

之后随着员工素质的逐步提高，"依照规则和手册进行控制"会变得越来越有效。控制方式由"听我的"变成"大家一起遵守规则"。

员工素质进一步提高后，每个人都拥有了"发自内心"的原理和原则，这时事无巨细的规则反而会束手束脚，最有效率的控制方式就变成了"根据原理和原则进行控制"。

从规则基础到原则基础可以解读为，已经经历了"依照规则和手册进行控制"的"指令等待者"，成为"会利用原理和原则（principle）进行判断的人""可以承担受托责任的人才"。

不仅是日本，全球的很多产业都面临着前所未有的环境变化，简单地重复现有业务活动下的工作已经无法生存。作为对环境变化具有应对能力并能产生附加价值的控制方式，"根据原理和原则进行控制"被利用的程度整体上在加深。许多发达国家都把向高附加值产业结构转型作为重要国策，在这种情况下，笔者认为有必要培养组织成员的"承担受托责任的能力"。

第 2 章

资产负债法的
会计入门实务

全球专业人士学习的会计书

运用资产负债法掌握可利用的知识

2.1 能理解资产和负债的定义，就能全面理解会计

先进行关于资产的讨论。

2.1.1 会计的资产定义出现之前

会计的资产定义出现之前，日常用语里本来就有"资产"这个词。

作为日常用语的"资产"不同于作为会计术语的"资产"，讨论就从这里开始。

请看图 2-1。

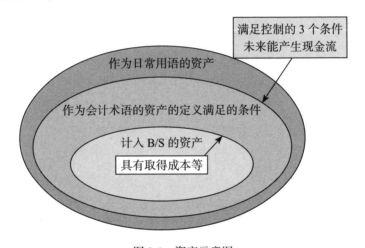

图 2-1　资产示意图

图 2-1 中的 3 个集合有重叠部分。最外层的集合代表日常用语中的"资产"。人们在日常谈论中会使用"资产"这个词，如"他们家资产很丰厚""有境外资产"等。

日常用语里的"资产"没有特别明确的定义。语言就是这样，词典里有"解说""说明""换言之"，而没有"定义"。

婴儿在最初学习日常用语的过程中，并没有先学习"资产的定义"，之后才开始说"资产"这个词。更进一步来说，作为语言的"资产"含义非常广泛，说话的人如果想说明 ×× 对于自己的企业来说重要，表达为"××

是我们企业的大宝贝，是我们企业的资产"，也算是正确的。表述中的
"××"可以由说话者本人主观地决定。

从这个意义上来说，"日常用语里的资产"没有明确的定义，边界比较
模糊，范围最广。

而企业拥有的"日常用语里的资产"包括哪些内容呢？

很多人会列举现金、商品、设备、不动产等。除此之外，还包括人（员
工）、品牌价值、技术实力、专有技术、发明和特许权，别忘了还有客户这一
最重要的资产，你可以列举出各种各样的例子。只要你认为属于资产的，全
部都包括。

与上述"日常用语里的资产"相比，"会计上的资产"有明确的"定义"。
在今天的会计中，"资产"这个词是"具有定义的学术用语"。即满足定义条
件的是会计上的资产，而不满足定义条件的就不属于会计上的资产。目前，
全世界会计的基本概念几乎都统一了，会计上资产的定义也几乎是一致的。
会计准则制定者今后也会伴随时代的变化，不断重新审视定义本身。

继续谈资产的话题。如果属于会计上的资产（满足会计上资产定义的条
件），那么，它是否会自动计入（记录到）B/S 中？其实，仅仅满足定义的条
件是不行的，只有再进一步满足一定的条件之后，才能实际计入 B/S 中。

综上所述，得出以下三点结论。

- "日常用语里的资产"范围最广。
- 符合定义的"会计上的资产"包含在"日常用语里的资产"中。
- "会计上的资产"中，满足一定条件的才成为"B/S 上的资产"。

下面说明会计上资产的定义。

2.1.2 会计上资产的定义

"资产是指公司实际拥有的、具有价值的东西。"
该定义包括以下 2 个要点[⊖]。

⊖ 本书这一会计标准与国际会计准则的观点基本相同，详细说明参见专栏话题 2。

要点 1 是"实际拥有"。"实际拥有"是为了让读者容易理解而变换的说法,在会计领域里实际上用"控制"这个词。

会计上确认资产,首先需要强调企业能够控制。

控制是什么?如果同时满足以下 3 个条件,则在会计中被认为是控制对象。

①几乎拥有一切自由使用的权利(如消费)。

②可以享受使用带来的好处。

③可以排除他人使用。

以公司车辆为例,控制对象的条件可进行如下理解。

①公司可以自由地使用公司车辆。

②公司可以享受使用公司车辆的好处(利于工作开展等)。

③与公司无关的人若要乘车,可以要求其付费(排除他人)。

另外,自由地使用也可以解释为"可以指使"。

与此同时,"控制"当然意味着因过去购买而使得"现在已经可以有效控制"。

"将来打算控制"是不行的,因为未实现已经控制。

要点 2 是"具有价值"。

什么是具有价值?

具有价值的意思是"未来产生现金流"。

如何理解"未来产生现金流"呢?是鸡生蛋之类的意思吗?不是的。

"未来产生现金流"有以下两种模式。

第 1 种模式是"回收现金"。假设把现金借给别人,那么就有权从借款人那里收回现金。这里的"把现金收回"就称为回收现金,可以视为"未来产生现金流"的一种形式。

第 2 种模式是"回收投资"。例如,假设制造商进行了 100 亿日元的设备投资。该设备投资不是为了通过转卖设备而赚钱,而是通过运转设备,生产并销售产品,从而靠提高利润实现投资的回收。回收投资虽然可能要花好几年,但可以视为很好的"未来产生现金流"模式。

此外，此处虽然强调的是有价值的"东西"，但是这个"东西"的意思并不是实物而是"权利"。资产有各种各样的形式，既包括"东西"的所有权，也包括看不见的法定权利，如著作权等，从广义上来说资产最终应理解为某种"权利"。

还有观点认为，有必要考虑获得未来产生的现金流的可靠程度。最近会计上的观点是，即使未来产生现金流的可能性很低，也可能满足资产的定义。不过这种情况下，可能会出现"即使满足资产的定义，也不能计入 B/S"的情况。关于这一点，后文将进行说明。

以上就是会计上资产的定义。下面来谈谈 B/S 上的资产。

2.1.3 资产能否计入 B/S

如前所述，即使满足会计上资产的定义，也不意味着这些资产都可以计入 B/S，还需要满足一定的条件。由于这些条件在日常业务的会计中较少被讨论，所以只做简要说明。

某项资产计入 B/S 的条件

- 条件 1　满足会计上资产的定义（前文已提及）。
- 条件 2　属于有助于投资者预测未来的信息。
- 条件 3　未来产生现金流的可能性较高。
- 条件 4　可以可靠地确定金额。

首先，条件 1 已经说明过了。

条件 2 在平时不需要太多的关注。

需要注意条件 3。

前文提到的"未来产生现金流可能性低的资产"，即使满足会计上资产的定义，但是由于不能满足上述条件 3，也不计入 B/S。

其次，上述条件 4 中确定金额的过程称为"计量"。

会计上针对资产的不同类型，采用不同的"计量"方法，下面进行具体说明。

资产本来是为了获取利润而购买的，不是社长出于爱好的收藏。为了获得利润而取得资产，也称为投资。

投资有两种类型。

金融投资

购买其他公司股票等方式称为"金融投资"。持有这类资产，意味着"资产的下一个阶段是出售、变现"（顺便说一下，库存商品等所谓的存货也会出售，但不属于单纯的现金化和变现处理，而是作为业务活动进行销售，属于后面将要提到的业务投资）。

在金融投资中，"能卖多少钱"很重要。"能卖多少钱"称为"公允价值"（公允价值也有好几种类型，这里不再赘述）。

金融投资的资产在 B/S 中计入多少金额？答案是以"公允价值"为基础（详细的规则很多）。

如果是普通的企业，代表性的金融投资表现为以投资为目的购买其他公司的股票。这种情况下，如果支付 100 万日元购买的股票在决算日上涨到 120 万日元，该股票（称为有价证券投资）的金额也要从 100 万日元调增为 120 万日元。根据公允价值的高低增加或减少资产金额的过程，称为"公允价值计价"。

金融投资的资产，基本特点是以公允价值进行"计量"。

业务投资

金融投资以外的所有投资，如工厂、设备、库存商品之类的存货等，其目的都不在于"出售和变现"，而是"有利于业务活动开展（消费等）"，这类投资称为"业务投资"。这种情况下，与"能卖多少钱"没有关系。

在山里建的新工厂，如果业务开展顺利的话，将来会产生巨额的现金流，但如果现在把工厂卖掉，除非有人很想要，否则其价格可能很低。在这种情况下，对于刚建成不久的工厂，按照"工厂本身的处置价值"进行计量是没有意义的，因为建设工厂的目的在于使工厂在寿命内得以充分利用，尽最大可能赚取利润。在这种情况下，对资产进行公允价值计价是不合理的。

业务投资中购买的资产，首先按购买价格计入 B/S，之后不再进行公允价值计价。

资产因使用而出现价值降低，资产价值就要调减。顺便说一下，调减的金额称为"折旧"。要是因销售不景气，导致投资不能回收，那么不能回收的部分也会调减资产价值，这种资产价值的降低称为"减值"。

这种观点通常被称为"按取得成本计价"。取得可以理解为"获得"，而成本就是付出的代价，所以取得成本就是获得过程中付出的代价，通常情况下是指"购买时的价格"。

这意味着"如果资产以购买价格计入 B/S，之后将不再按照公允价值计价"。

业务投资采取按取得成本计价的原则。

本章开头列举了各种日常用语里资产的例子。

可以列举的资产有现金、商品、设备、不动产、人（员工）、品牌价值、技术实力、专有技术、发明和特许权、客户，等等。

其中，人（员工）和客户不属于控制的对象，所以不符合会计上资产的定义，日常用语里算作资产，但不包括在会计上的资产中。

品牌价值、技术实力、专有技术、发明和特许权等，即使满足会计上资产的定义，但根据按取得成本计价的原则，也不会计入 B/S。为什么呢？因为这些资产是员工们"从无到有创造出来"的，并不是支付现金购买得到的。在这种情况下，取得成本为零。并且由于之后也不按公允价值进行计价，所以即使价值变成了好几亿日元，也一直保持零的状态，不反映在 B/S 中。

现金、商品、设备、不动产等是业务投资，它们根据按取得成本计价的原则计入 B/S，是图 2-1 中最中间的集合。

总结一下要点，B/S 中反映的资产只是企业资产的一部分，仅限于"用钱买来的东西"。

根据上述结论，尽管企业员工自己创造的宝贵资产有很多，但是通常不会计入 B/S，只有通过向其他企业付款购买的资产才计入 B/S。

计入 B/S 的资产当然要予以关注，同时没有计入 B/S 的资产也要用心留意，将其视为宝贵财富。要使自己成为能同时清楚地看到 B/S 的资产和 B/S 以外的资产的人。要经常关注这两类资产，并且发挥创意利用这些资产，靠头脑创造利润。笔者认为这样的人才是真正意义上"从本质上懂会计的人"。当然，懂会计绝不仅仅意味着能透彻了解 B/S 上的资产。目前，**对没有计入 B/S 的宝贵资产的关注度日益高涨**，一定要意识到这一点。

2.1.4　会计上负债的定义

"负债是指企业承担的在未来必须用资产支付的义务。"

接下来说明负债的要点。

①借来的钱不是负债。

假定你从朋友那里借了 3 万日元。朋友给你 3 张 1 万日元的纸币，于是你手里握有 3 万日元。这里产生了一个问题："这 3 张 1 万日元的纸币对你来说是不是负债？"

正确的答案为"不是负债"。这 3 张 1 万日元的纸币是"现金资产"，而不是负债。即使是"借来的钱"，那也是钱，是现金。也许有人会觉得它同时属于现金和负债，但笔者不这样认为，会计上本来不可能同时确认资产和负债。

那么负债是什么呢？负债完全不同于眼前的现金，而是指借款所产生的对朋友必须偿还的"支付义务"。这种义务是看不见的，所谓的"负债"就是这种看不见的支付义务。

②将来必须用资产支付。

企业承担了义务，还不能说明一定就有负债。只有在将来用企业自身资产（大部分是现金）清偿的义务才是负债。例如，假设酒店前台替客人保管贵重物品。首先，客人寄存的贵重物品不是酒店的资产，因此将贵重物品返还给客人的义务不是负债。

正如其定义所言，负债是"在未来必须用资产支付的义务"。因为贵重物品是客人的，不是酒店的资产，所以履行的义务属于交付酒店资产以外的东西，不涉及交付酒店资产，所以不能作为负债。

③负债的对象是现在已经承担的义务。

负债的对象不是将来承担的义务，而是指过去业务产生的、现在已经承担的义务。

④不需要强制支付的义务不是负债。

"不需要支付"的可能性也许理论上存在，但在现实中是不可能的，所以需要支付是判断负债的条件之一。

2.1.5　会计上所有者权益的定义

"所有者权益是资产和负债的差额。"

接下来进行具体说明。

也可以说，说明已经结束了。

这么说不为过。所有者权益是指资产与负债的差额，不会多也不会少。

可以用图 2-2 来进行说明。

请看图 2-2。

假设 A、B、C 有各自独立的概念定义。

图　2-2

- A 代表 ×××。
- B 代表○○○。
- C 代表△△△。

同时，假设 A ＝ B+C 始终成立。

现在 A、B、C 各自有着完全不同的概念定义，并且 A=B+ C 这个关系"始终"成立，这可以说是会计领域的奇迹。尽管如此，逻辑上仍存在破绽。

图 2-3 是对真正情况的正确说明。

需要关注以下几点：

A 是资产，具有独立的概念定义（已经学过了）。

B 是负债，具有独立的概念定义（已经学过了）。

那么，"必然"就产生了。

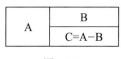

图　2-3

C 相当于 A–B。C 没有独立的概念定义。

只不过是把 A 和 B 的差额称为 C 而已。

这个 C 没有独立的概念定义，是根据具有独立概念定义的资产和负债的金额推算出来的。资产与负债的差额被称为所有者权益，属于命名层面的话题，称为"从属定义"。

所有者权益是资产和负债的差额，要关注所有者权益作为从属概念的这一特点。

作为差额的"所有者权益"中包含了如下内容。

（股东权益）

资本金

资本公积

留存利润

（其他综合收益累计额）

其他有价证券计价差额

×××

关于资本金这一概念，已在第 1 章中有过说明。

说明过了？这么说得回顾一下第 1 章，笔者认为多次回顾是件好事。

资本金以下的各项目，可分别看成产生差额的理由的书面说明。

差额是怎么产生的呢？

首先，股东出资的话，差额会增加。

接受 1 亿日元投资的话，现金这一资产增加 1 亿日元。

负债不变。

差额增加 1 亿日元，对吧？

顺便说一下，因出资产生的差额是"资本金和资本公积的合计"。

第 1 章中只提到了"资本金"，该说法并不正规。因出资产生的差额分为两类：作为资本金表示的部分（资本金）和资本金以外的部分（资本公积）。其中作为资本金表示的金额，是根据法律，结合各企业的判断来决定的。

其次，企业实现利润后，差额也会增加，这就是留存利润。

因出资产生的差额和因获得利润产生的差额的合计，称为"股东权益"。

因为公司的所有者是股东，因出资产生的差额和因获得利润产生的差额的合计在金额上相当于财产净额，理论上应属于股东，所以称为股东权益。

此外，通过金融投资购买的资产等，如果最后不出售变现的话，最终能赚多少钱是不确定的，从而有"还没有完全摆脱投资风险"这样的说法。前面有关资产计量的说明中提到，金融投资的基本计价方法是以公允价值计价，用 100 万日元购买的其他公司的股票，期末如果价格变成 120 万日元的话，有价证券投资的金额会增加到 120 万日元。

但是，因为还没有确定赚钱，所以在这种情况下，不会视其为"留存利润"的余额增加。所谓留存利润，是指"完全排除了投资风险的利润累积金额"，是已经确定的利润。

资产增加了 20 万日元，导致差额增加 20 万日元，但这时的风险还不能排除。

这样，除了"因出资产生的差额"和"因获得利润产生的差额"之外，还要再增加一类，称为"其他差额"。

这种"其他差额"称为"其他综合收益累计额"。

典型的例子是刚才提到的持有其他公司的股票，对其进行公允价值计价产生的差额，这称为"其他有价证券计价差额"。将该差额归属股东还早（说赚了还太早），因此不包括在股东权益里。

2.1.6　收入和费用的定义

"收入是指留存利润中本期增加额的明细反映。"

"费用是指留存利润中本期减少额的明细反映。"

回顾前文关于留存利润的讨论，留存利润是指"因获得利润产生的差额"的书面说明。

在一般的企业，留存利润每天都会频繁地发生增减变动，所以就需要通过明细，反映留存利润发生增减变动的具体原因。

收入和费用反映的就是这些明细，由于留存利润本身就是书面说明，所以作为明细记录的收入和费用，是对留存利润的进一步说明。

结论如下：

如果留存利润增加，收入的明细记录会有所反映。

如果留存利润减少，费用的明细记录会有所反映。

列示收入和费用的报表称为利润表。

收入和费用记录的内容有增加和减少两种，减少基本上反映以下两种例外情况：一种是进行某种修改时；另一种是后文将会提到的年度结账流程，年度结束时，通过年度结账，收入和费用将归为零。

下面要使用程序化口诀，通过练习题来掌握 B/S 和 P/L 发生变动的分析方法。

2.2 程序化口诀介绍

笔者从开始接触程序化口诀到现在，已有 10 年了。仅就笔者对周围也许并不全面的观察而言，周围使用程序化口诀进行模拟的企业和培训讲师在逐渐增加。

下面会通过 23 个练习题对程序化口诀进行说明。

这 23 个练习题大致可以涵盖一般企业发生的主要业务。

在对这些问题进行轮番说明时，一定要发出声音（至少要有发出声音的心情）进行吟唱（之所以称为"吟唱"，是希望读者可以想象在教室里跟大家一起吟唱的感觉）。

简单看一下前两个练习题，立刻就可以掌握模拟做法的要领。

程序化口诀会追踪每一笔业务发生后 B/S 和 P/L 的变化。实务中，企业定期提供年度报告或季度报告，或者每月末提供内部报告时，才编制 B/S 和 P/L，但从理论上来说，每笔业务发生后都会导致这些报表发生变化，所以能理解这些变化是很重要的。

此处就用程序化口诀来说明 B/S 和 P/L 的变化。图 2-4 和图 2-5 分别是资产负债表与利润表的示例。

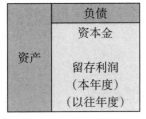

图 2-4 资产负债表

图 2-5 利润表

程序化口诀

1. 资产和负债如何变化?

"某某"资产(负债)增加(减少)了"多少"。

2. 差额如何变化?

(1)资本金增加(减少)了"多少"?

(2)留存利润增加(减少)了"多少"?

(3)"没有变化"?

3. 收入和费用如何变化?

(1)"某某"收入(费用)增加了"多少"?

(2)"没有变化"?

4. 本期的利润如何变化?

(1)增加了"多少"?

(2)减少了"多少"?

(3)"没有变化"?

接下来就要给出练习题了,请精神饱满地吟唱!

───────────

⊖ 此处的本年利润与 B/S 中留存利润的"本期部分"相同(如果不考虑利润分配的话)。

2.3 挑战程序化口诀

挑战程序化口诀之业务 ①

业务 ① 的概况

【练习题 1】

假设发生了以下业务，请采用程序化口诀进行分析。

×1 年 1 月 1 日	乔治·格里先生将自己 300 万日元的现金进行投资，成立了格里咨询公司。

＜提示＞

从乔治·格里先生的角度来看是出资，但在公司看来，是收到了作为出资的现金。应从公司的角度分析，考虑公司层面的资产和负债如何变动。

吟唱程序化口诀

＜使用科目的指定＞

关于"资金"，此处不区分库存现金和银行存款，都使用"现金"。

用"资本金"表示"因出资产生的差额"。

＜程序化口诀的吟唱＞

1. 资产和负债如何变化？

现金这一资产增加了 300 万日元。

其他项目没有变化。

2. 差额如何变化？

资本金增加了 300 万日元。

3. 收入和费用如何变化？

没有变化。

4. 本期的利润如何变化?

没有变化。

一定要结合以下图示,确认其中数字的变动情况。

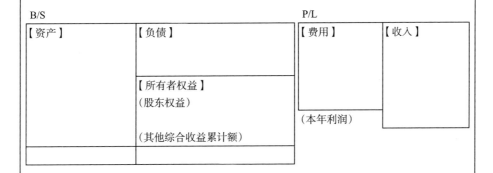

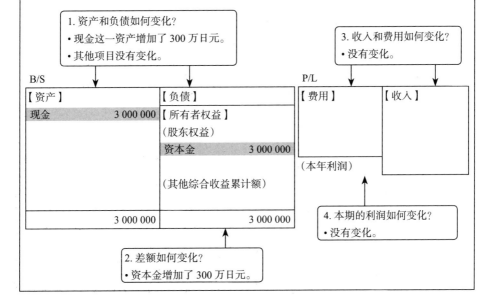

挑战程序化口诀之业务 ②

业务 ② 的概况

【练习题 2】

假设发生了以下业务，请采用程序化口诀进行分析。

×1 年 1 月 1 日	设立公司后，为尽早开展工作，需要配备家具。为此，用现金 60 万日元在家具店购买一套办公家具。

< 提示 >

关于"资金"，此处不区分库存现金和银行存款，都使用"现金"。

用"备品"表示"一套办公家具"。

吟唱程序化口诀

< 使用科目的指定 >

关于"资金"，此处不区分库存现金和银行存款，都使用"现金"。

用"备品"表示"一套办公家具"。

< 程序化口诀的吟唱 >

1. 资产和负债如何变化?

现金这一资产减少了 60 万日元。

备品这一资产增加了 60 万日元。

2. 差额如何变化?

没有变化。

3. 收入和费用如何变化?

没有变化。

4. 本期的利润如何变化?

没有变化。

一定要结合以下图示，确认其中数字的变动情况。

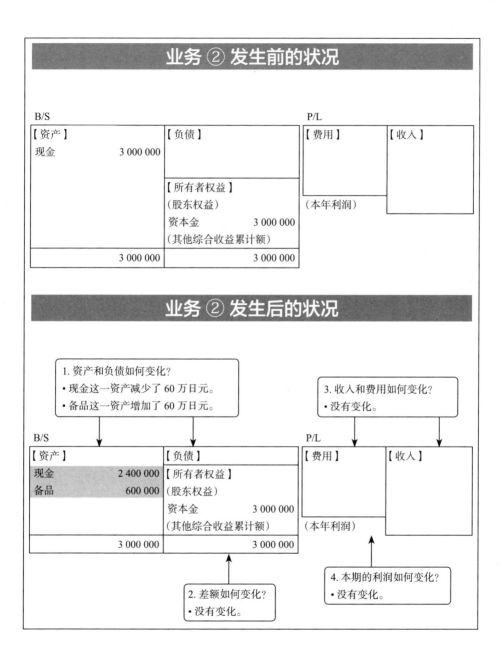

挑战程序化口诀之业务 ③

业务 ③ 的概况

【练习题 3 】

假设发生了以下业务，请采用程序化口诀进行分析。

×1 年 4 月 30 日	乔治·格里先生接受客户委托，提供业务咨询，客户支付了 80 万日元现金作为报酬。

< 提示 >

格里咨询公司首次接受客户委托提供咨询服务，乔治·格里先生很快亲自处理了该项业务，并收取了客户支付的现金。

吟唱程序化口诀

< 使用科目的指定 >

关于"资金"，此处不区分库存现金和银行存款，都使用"现金"。

"咨询业务的报酬"作为"销售收入"进行记录，并将该收入计入利润表。

< 程序化口诀的吟唱 >

1. 资产和负债如何变化？

现金这一资产增加了 80 万日元。

其他项目没有变化。

2. 差额如何变化？

留存利润增加了 80 万日元。

3. 收入和费用如何变化？

销售收入增加了 80 万日元。

4. 本期的利润如何变化？

增加了 80 万日元。

一定要结合以下图示，确认其中数字的变动情况。

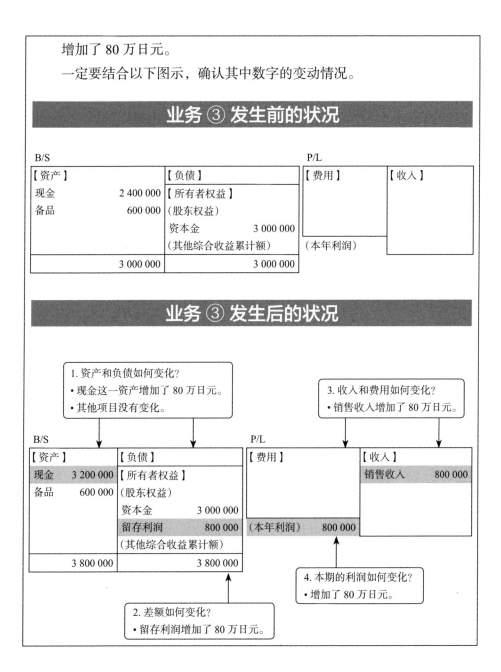

挑战程序化口诀之业务 ④

业务 ④ 的概况

【练习题 4 】

假设发生了以下业务，请采用程序化口诀进行分析。

×1 年 7 月 31 日	委托熟人的公司完成某项工作，用现金支付业务委托费 30 万日元。

＜提示＞

委托熟人的公司完成某项工作，用现金支付业务委托费 30 万日元。现金减少的现象会导致现金实存余额减少，但业务委托费作为费用，不属于实际存在项目，仅属于说明性词语而已。只有资产和负债发生变化，才能反映企业中真实发生了业务。就本例而言，发生的现象只有现金的减少，其他项目均没有变化。首先要强调的是正确把握资产和负债的变化。

吟唱程序化口诀

＜使用科目的指定＞

关于"资金"，此处不区分库存现金和银行存款，都使用"现金"。

将"业务委托费"这一费用，直接以"业务委托费"形式计入利润表。

＜程序化口诀的吟唱＞

1. 资产和负债如何变化？

现金这一资产减少了 30 万日元。

其他项目没有变化。

2. 差额如何变化？

留存利润减少了 30 万日元。

3. 收入和费用如何变化？

业务委托费这一费用增加了 30 万日元。

4.本期的利润如何变化?

减少了 30 万日元。

一定要结合以下图示,确认其中数字的变动情况。

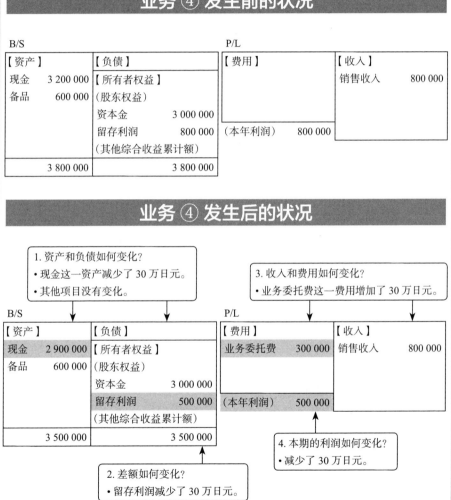

业务 ④ 发生前的状况

B/S

【资产】		【负债】	
现金	3 200 000	【所有者权益】	
备品	600 000	(股东权益)	
		资本金	3 000 000
		留存利润	800 000
		(其他综合收益累计额)	
	3 800 000		3 800 000

P/L

【费用】		【收入】	
		销售收入	800 000
(本年利润)	800 000		

业务 ④ 发生后的状况

1.资产和负债如何变化?
• 现金这一资产减少了 30 万日元。
• 其他项目没有变化。

3.收入和费用如何变化?
• 业务委托费这一费用增加了 30 万日元。

B/S

【资产】		【负债】	
现金	2 900 000	【所有者权益】	
备品	600 000	(股东权益)	
		资本金	3 000 000
		留存利润	500 000
		(其他综合收益累计额)	
	3 500 000		3 500 000

P/L

【费用】		【收入】	
业务委托费	300 000	销售收入	800 000
(本年利润)	500 000		

2.差额如何变化?
• 留存利润减少了 30 万日元。

4.本期的利润如何变化?
• 减少了 30 万日元。

挑战程序化口诀之业务 ⑤

业务 ⑤ 的概况

【练习题 5】

假设发生了以下业务，请采用程序化口诀进行分析。

×1 年 12 月 31 日	由于 1 月 1 日购入的办公家具（备品）已使用 1 年，所以可以认为备品这一资产的价值下降，该业务需要同时在 B/S 和 P/L 进行反映。

＜提示＞

除土地等部分项目外，大多数资产的价值会伴随其使用过程而下降。鉴于此，备品的金额就必须进行调整，将价值下降的部分调减，称为"折旧"。本例中，假定备品的寿命（也称为使用年限）为 5 年，本期备品的价值减少 600 000 日元 ÷5 年 =120 000 日元。

吟唱程序化口诀

＜使用科目的指定＞

资产的名称当然是"备品"。

关于"资产因使用而产生的价值下降，导致留存利润减少"，以"折旧费"的形式计入利润表。

＜程序化口诀的吟唱＞

1.资产和负债如何变化？

备品这一资产减少了 12 万日元。

其他项目没有变化。

2.差额如何变化？

留存利润减少了 12 万日元。

3.收入和费用如何变化？

折旧费这一费用增加了 12 万日元。

4.本期的利润如何变化?

减少了 12 万日元。

一定要结合以下图示,确认其中数字的变动情况。

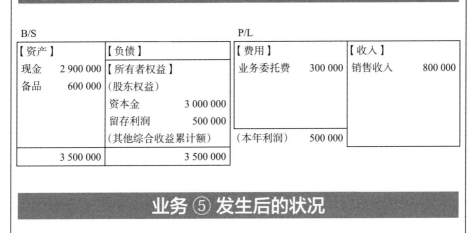

业务 ⑤ 发生前的状况

B/S

【资产】		【负债】	
现金	2 900 000	【所有者权益】	
备品	600 000	(股东权益)	
		资本金	3 000 000
		留存利润	500 000
		(其他综合收益累计额)	
	3 500 000		3 500 000

P/L

【费用】		【收入】	
业务委托费	300 000	销售收入	800 000
(本年利润)	500 000		

业务 ⑤ 发生后的状况

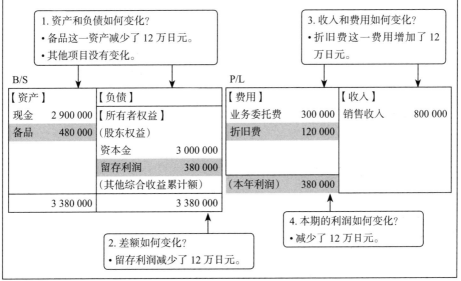

1.资产和负债如何变化?
• 备品这一资产减少了 12 万日元。
• 其他项目没有变化。

3.收入和费用如何变化?
• 折旧费这一费用增加了 12 万日元。

B/S

【资产】		【负债】	
现金	2 900 000	【所有者权益】	
备品	480 000	(股东权益)	
		资本金	3 000 000
		留存利润	380 000
		(其他综合收益累计额)	
	3 380 000		3 380 000

P/L

【费用】		【收入】	
业务委托费	300 000	销售收入	800 000
折旧费	120 000		
(本年利润)	380 000		

2.差额如何变化?
• 留存利润减少了 12 万日元。

4.本期的利润如何变化?
• 减少了 12 万日元。

挑战程序化口诀之业务 ⑥

业务 ⑥ 的概况

【练习题 6】

迎来了年终决算日，明天便进入下一个会计年度。

×1 年 12 月 31 日	格里咨询公司迎来了第 1 次年终决算，明天便是下一个会计年度。

< 提示 >

收入和费用是对留存利润中本期增减数额的明细记录。

因此在进入下一个会计年度时，所有收入和费用项目都要结为 0，下期记录从 0 开始。同时，资产、负债和资本金各项目的期末（本例中为年末）余额，应作为下期的期初（本例中为年初）余额。（例如，现金这一资产的价值完全不会随着本年度的结束而消失）。

可通过图示加以确认。

吟唱程序化口诀

< 使用科目的指定 >

无指定科目。

< 程序化口诀的吟唱 >

1.资产和负债如何变化？

没有变化。

2.差额如何变化？

没有变化。

3.收入和费用如何变化？

由于不属于发生的业务，所以下期期初的收入和费用均为 0，这一点应通过图示进行确认。

4. 本期的利润如何变化？

没有变化。

一定要结合以下图示，确认其中数字的变动情况。

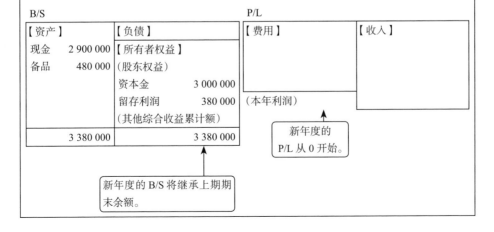

业务 ⑥ 本期期末状况

B/S			
【资产】		【负债】	
现金	2 900 000	【所有者权益】	
备品	480 000	（股东权益）	
		资本金	3 000 000
		留存利润	380 000
		（其他综合收益累计额）	
	3 380 000		3 380 000

P/L			
【费用】		【收入】	
业务委托费	300 000	销售收入	800 000
折旧费	120 000		
（本年利润）	380 000		

业务 ⑥ 下期期初状况

B/S			
【资产】		【负债】	
现金	2 900 000	【所有者权益】	
备品	480 000	（股东权益）	
		资本金	3 000 000
		留存利润	380 000
		（其他综合收益累计额）	
	3 380 000		3 380 000

P/L			
【费用】		【收入】	
（本年利润）			

新年度的 P/L 从 0 开始。

新年度的 B/S 将继承上期期末余额。

挑战程序化口诀之业务 ⑦

业务 ⑦ 的概况

【练习题 7】

假设发生了以下业务，请采用程序化口诀进行分析。

×2 年 1 月 1 日	从银行借入 500 万日元，利息于每 6 个月月末支付，年利率为 4%。

＜提示＞

借入款项产生了哪些影响？现金这一资产增加，银行借款这一负债增加，重要的是正确把握这两个方面。

吟唱程序化口诀

＜使用科目的指定＞

关于"资金"，此处不区分库存现金和银行存款，都使用"现金"。

负债的名称用"银行借款"表示。

＜程序化口诀的吟唱＞

1.资产和负债如何变化?

现金这一资产增加了 500 万日元。

银行借款这一负债增加了 500 万日元。

2.差额如何变化?

没有变化。

3.收入和费用如何变化?

没有变化。

4.本期的利润如何变化?

没有变化。

一定要结合以下图示，确认其中数字的变动情况。

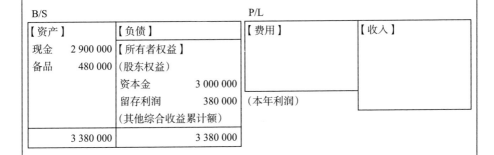

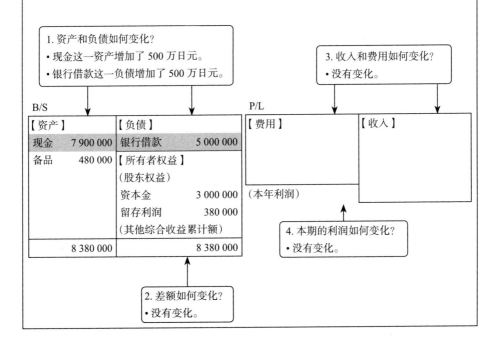

挑战程序化口诀之业务 ⑧

业务 ⑧ 的概况

【练习题 8】

假设发生了以下业务，请采用程序化口诀进行分析。

×2 年 2 月 10 日	乔治·格里先生接受客户委托，提供业务咨询，客户支付了 120 万日元现金作为报酬。

<提示>

格里咨询公司再次接受客户要求提供咨询的委托，此项业务仍由乔治·格里先生本人亲自处理，并收取了客户支付的现金。

吟唱程序化口诀

<使用科目的指定>

关于"资金"，此处不区分库存现金和银行存款，都使用"现金"。

"咨询业务的报酬"作为"销售收入"进行记录，并将该收入计入利润表。

<程序化口诀的吟唱>

1. 资产和负债如何变化?

现金这一资产增加了 120 万日元。

其他项目没有变化。

2. 差额如何变化?

留存利润增加了 120 万日元。

3. 收入和费用如何变化?

销售收入增加了 120 万日元。

4.本期的利润如何变化?

增加了 120 万日元。

一定要结合以下图示,确认其中数字的变动情况。

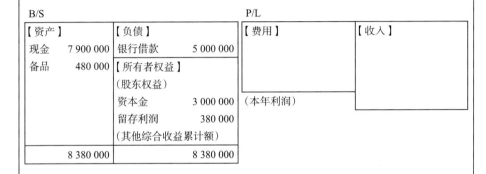

业务 ⑧ 发生前的状况

B/S

【资产】		【负债】	
现金	7 900 000	银行借款	5 000 000
备品	480 000	【所有者权益】	
		(股东权益)	
		资本金	3 000 000
		留存利润	380 000
		(其他综合收益累计额)	
	8 380 000		8 380 000

P/L

【费用】	【收入】
(本年利润)	

业务 ⑧ 发生后的状况

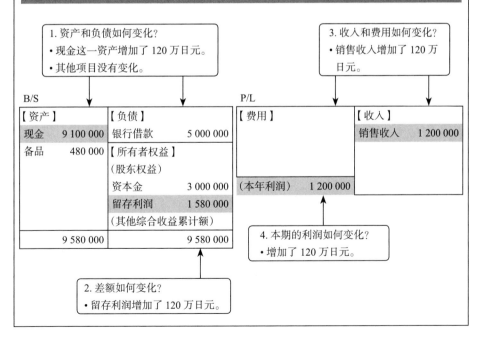

1.资产和负债如何变化?
• 现金这一资产增加了 120 万日元。
• 其他项目没有变化。

3.收入和费用如何变化?
• 销售收入增加了 120 万日元。

B/S

【资产】		【负债】	
现金	9 100 000	银行借款	5 000 000
备品	480 000	【所有者权益】	
		(股东权益)	
		资本金	3 000 000
		留存利润	1 580 000
		(其他综合收益累计额)	
	9 580 000		9 580 000

P/L

【费用】	【收入】	
	销售收入	1 200 000
(本年利润) 1 200 000		

4.本期的利润如何变化?
• 增加了 120 万日元。

2.差额如何变化?
• 留存利润增加了 120 万日元。

挑战程序化口诀之业务 ⑨

业务 ⑨ 的概况

【练习题 9】

假设发生了以下业务，请采用程序化口诀进行分析。

×2 年 3 月 6 日	再次委托熟人的公司完成某项工作，用现金支付业务委托费 50 万日元。

＜提示＞

再次委托熟人的公司完成工作，用现金支付业务委托费 50 万日元。相当于复习前述练习题 4。

吟唱程序化口诀

＜使用科目的指定＞

关于"资金"，此处不区分库存现金和银行存款，都使用"现金"。

将"业务委托费"这一费用，直接以"业务委托费"形式计入利润表。

＜程序化口诀的吟唱＞

1. 资产和负债如何变化？

现金这一资产减少了 50 万日元。

其他项目没有变化。

2. 差额如何变化？

留存利润减少了 50 万日元。

3. 收入和费用如何变化？

业务委托费这一费用增加了 50 万日元。

4. 本期的利润如何变化？

减少了 50 万日元。

一定要结合以下图示，确认其中数字的变动情况。

业务 ⑨ 发生前的状况

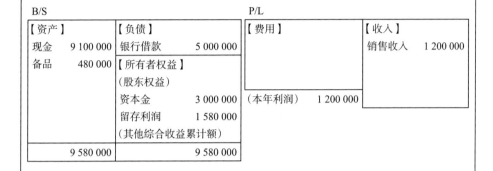

B/S

【资产】		【负债】	
现金	9 100 000	银行借款	5 000 000
备品	480 000	【所有者权益】	
		（股东权益）	
		资本金	3 000 000
		留存利润	1 580 000
		（其他综合收益累计额）	
	9 580 000		9 580 000

P/L

【费用】		【收入】	
		销售收入	1 200 000
（本年利润）	1 200 000		

业务 ⑨ 发生后的状况

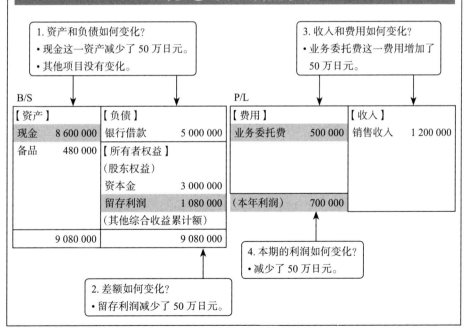

1. 资产和负债如何变化？
• 现金这一资产减少了 50 万日元。
• 其他项目没有变化。

3. 收入和费用如何变化？
• 业务委托费这一费用增加了
50 万日元。

B/S

【资产】		【负债】	
现金	8 600 000	银行借款	5 000 000
备品	480 000	【所有者权益】	
		（股东权益）	
		资本金	3 000 000
		留存利润	1 080 000
		（其他综合收益累计额）	
	9 080 000		9 080 000

P/L

【费用】		【收入】	
业务委托费	500 000	销售收入	1 200 000
（本年利润）	700 000		

2. 差额如何变化？
• 留存利润减少了 50 万日元。

4. 本期的利润如何变化？
• 减少了 50 万日元。

挑战程序化口诀之业务 ⑩

业务 ⑩ 的概况

【练习题 10】

假设发生了以下业务，请采用程序化口诀进行分析。

×2年4月1日	在经营咨询业务的同时，公司还决定销售某种专门化程度较高的商品，为此支付现金购入了 140 万日元的商品。

＜提示＞

购入商品后，商品这一资产会增加，同时现金这一资产会减少。以上是公司发生业务事实的全部内容。

吟唱程序化口诀

＜使用科目的指定＞

关于"资金"，此处不区分库存现金和银行存款，都使用"现金"。

"商品"这一资产，直接以"商品"的形式进行记录。

＜程序化口诀的吟唱＞

1.资产和负债如何变化?

现金这一资产减少了 140 万日元。

商品这一资产增加了 140 万日元。

2.差额如何变化?

没有变化。

3.收入和费用如何变化?

没有变化。

4.本期的利润如何变化?

没有变化。

一定要结合以下图示，确认其中数字的变动情况。

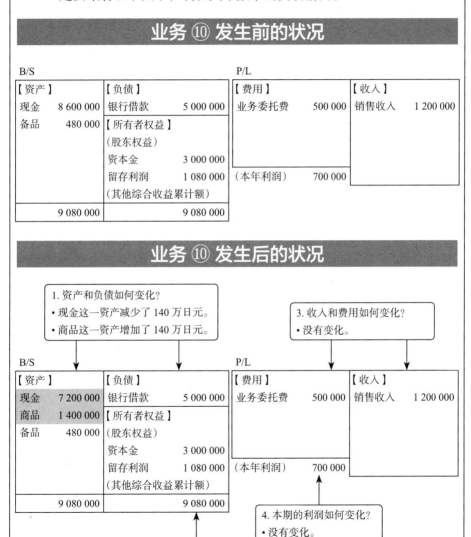

业务 ⑩ 发生前的状况

B/S

【资产】		【负债】	
现金	8 600 000	银行借款	5 000 000
备品	480 000	【所有者权益】	
		(股东权益)	
		资本金	3 000 000
		留存利润	1 080 000
		(其他综合收益累计额)	
	9 080 000		9 080 000

P/L

【费用】		【收入】	
业务委托费	500 000	销售收入	1 200 000
(本年利润)	700 000		

业务 ⑩ 发生后的状况

1.资产和负债如何变化?
•现金这一资产减少了140万日元。
•商品这一资产增加了140万日元。

3.收入和费用如何变化?
•没有变化。

B/S

【资产】		【负债】	
现金	7 200 000	银行借款	5 000 000
商品	1 400 000	【所有者权益】	
备品	480 000	(股东权益)	
		资本金	3 000 000
		留存利润	1 080 000
		(其他综合收益累计额)	
	9 080 000		9 080 000

P/L

【费用】		【收入】	
业务委托费	500 000	销售收入	1 200 000
(本年利润)	700 000		

2.差额如何变化?
•没有变化。

4.本期的利润如何变化?
•没有变化。

挑战程序化口诀之业务 ⑪

业务 ⑪ 的概况

【练习题 11-1】

假设发生了以下业务，请采用程序化口诀进行分析。

×2 年 4 月 20 日	部分商品（50 万日元）售出，实现销售额 100 万日元。

< 提示 >

业务 ⑪ 使得商品这一资产减少 50 万日元，现金这一资产增加 100 万日元。

差额如何变化呢？留存利润增加了 50 万日元。

收入和费用如何变化？商品销售利润增加了 50 万日元。

到此为止的说明中没出现新的概念。

吟唱程序化口诀

< 使用科目的指定 >

使用"现金"和"商品"这两个资产科目。

用"商品销售利润"反映留存利润增加 50 万日元的明细记录。

< 程序化口诀的吟唱 >

1. 资产和负债如何变化？

现金这一资产增加了 100 万日元。

商品这一资产减少了 50 万日元。

2. 差额如何变化？

留存利润增加了 50 万日元。

3. 收入和费用如何变化？

商品销售利润增加了 50 万日元。

4. 本期的利润如何变化？

增加了 50 万日元。

一定要结合以下图示，确认其中数字的变动情况。

业务 ⑪ 发生前的状况

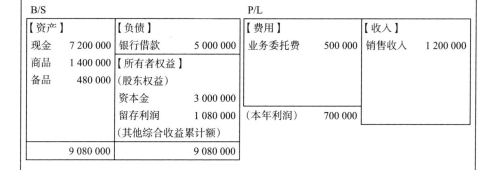

B/S

【资产】		【负债】	
现金	7 200 000	银行借款	5 000 000
商品	1 400 000	【所有者权益】	
备品	480 000	（股东权益）	
		资本金	3 000 000
		留存利润	1 080 000
		（其他综合收益累计额）	
	9 080 000		9 080 000

P/L

【费用】		【收入】	
业务委托费	500 000	销售收入	1 200 000
（本年利润）	700 000		

业务 ⑪ 发生后的状况

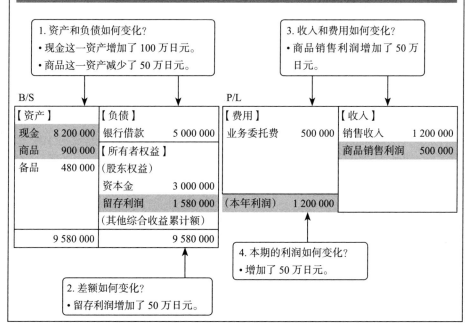

1. 资产和负债如何变化？
• 现金这一资产增加了 100 万日元。
• 商品这一资产减少了 50 万日元。

3. 收入和费用如何变化？
• 商品销售利润增加了 50 万日元。

B/S

【资产】		【负债】	
现金	8 200 000	银行借款	5 000 000
商品	900 000	【所有者权益】	
备品	480 000	（股东权益）	
		资本金	3 000 000
		留存利润	1 580 000
		（其他综合收益累计额）	
	9 580 000		9 580 000

P/L

【费用】		【收入】	
业务委托费	500 000	销售收入	1 200 000
		商品销售利润	500 000
（本年利润）	1 200 000		

4. 本期的利润如何变化？
• 增加了 50 万日元。

2. 差额如何变化？
• 留存利润增加了 50 万日元。

挑战程序化口诀之业务 ⑪

业务 ⑪ 的概况

【练习题 11-2】

假设发生了以下业务，请采用程序化口诀进行分析。

×2 年 4 月 20 日	业务 ⑪ 可以采用别的方法处理，此处学习一下。部分商品（50 万日元）售出，实现销售额 100 万日元。

< 提示 >

业务 ⑪ 导致商品这一资产减少 50 万日元，现金这一资产增加 100 万日元。

差额如何变化呢？留存利润增加了 50 万日元。至此，分析与前一种方法相同。但是收入和费用如何变化？本期的"销售收入"增加了 100 万日元，同时可以认为销售成本这一费用增加了 50 万日元，这就是所谓的别的方法。利润 50 万日元与前一种方法的结果一致，只是该方法（也称为总额法）从收入和费用两个方面反映销售毛利。在主营业务仅为商品销售的企业，该方法的运用较为广泛。

到此为止的说明中没出现新的概念。

吟唱程序化口诀

< 使用科目的指定 >

使用"现金"和"商品"这两个资产科目。

不反映商品销售利润 50 万日元，而分别反映"销售收入（2）"100 万日元和"销售成本"50 万日元。

< 程序化口诀的吟唱 >

1. 资产和负债如何变化？

现金这一资产增加了 100 万日元。

商品这一资产减少了 50 万日元。

2. 差额如何变化？

留存利润增加了 50 万日元。

3. 收入和费用如何变化？

销售收入（2）增加了 100 万日元。

销售成本增加了 50 万日元。

4. 本期的利润如何变化?

增加了 50 万日元。

一定要结合以下图示，确认其中数字的变动情况。

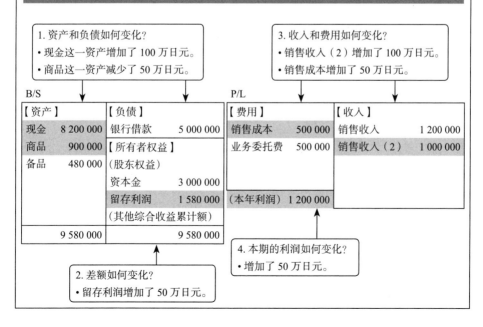

业务 ⑪ 发生前的状况

B/S

【资产】		【负债】	
现金	7 200 000	银行借款	5 000 000
商品	1 400 000	【所有者权益】	
备品	480 000	（股东权益）	
		资本金	3 000 000
		留存利润	1 080 000
		（其他综合收益累计额）	
	9 080 000		9 080 000

P/L

【费用】		【收入】	
业务委托费	500 000	销售收入	1 200 000
（本年利润）	700 000		

业务 ⑪ 发生后的状况

1. 资产和负债如何变化?
• 现金这一资产增加了 100 万日元。
• 商品这一资产减少了 50 万日元。

3. 收入和费用如何变化?
• 销售收入（2）增加了 100 万日元。
• 销售成本增加了 50 万日元。

B/S

【资产】		【负债】	
现金	8 200 000	银行借款	5 000 000
商品	900 000	【所有者权益】	
备品	480 000	（股东权益）	
		资本金	3 000 000
		留存利润	1 580 000
		（其他综合收益累计额）	
	9 580 000		9 580 000

P/L

【费用】		【收入】	
销售成本	500 000	销售收入	1 200 000
业务委托费	500 000	销售收入（2）	1 000 000
（本年利润）	1 200 000		

2. 差额如何变化?
• 留存利润增加了 50 万日元。

4. 本期的利润如何变化?
• 增加了 50 万日元。

挑战程序化口诀之业务 ⑫

业务 ⑫ 的概况

【练习题 12 】

假设发生了以下业务，请采用程序化口诀进行分析。

×2 年 4 月 30 日	50 万日元的商品以 110 万日元售出，货款未收，预计 5 月 31 日收回 50 万日元，其余部分预计在 12 月 30 日收回。

< 提示 >

如同餐馆结账一样，有时需要等待顾客付款，称为赊销。发生赊销业务后，会产生对顾客的债权（回收现金的权利），这种由于销售而产生的债权，称为"应收账款"。

吟唱程序化口诀

< 使用科目的指定 >

关于"资金"，此处不区分库存现金和银行存款，都使用"现金"。

因赊销产生的债权，作为"应收账款"进行记录。

收入和费用的差额称为"毛利"。

< 程序化口诀的吟唱 >

1. 资产和负债如何变化？

应收账款这一资产增加了 110 万日元。

商品这一资产减少了 50 万日元。

2. 差额如何变化？

留存利润增加了 60 万日元。

3. 收入和费用如何变化？

销售收入（2）增加了 110 万日元。

销售成本增加了 50 万日元。

4. 本期的利润如何变化？

增加了 60 万日元。

一定要结合以下图示，确认其中数字的变动情况。

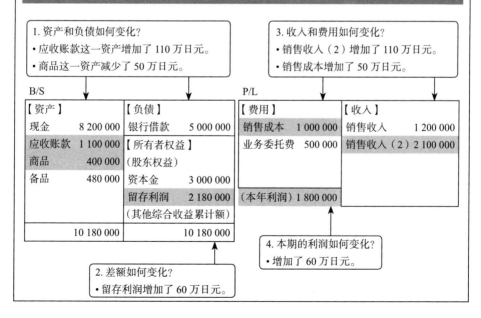

业务 ⑫ 发生前的状况

B/S

【资产】		【负债】	
现金	8 200 000	银行借款	5 000 000
商品	900 000	【所有者权益】	
备品	480 000	（股东权益）	
		资本金	3 000 000
		留存利润	1 580 000
		（其他综合收益累计额）	
	9 580 000		9 580 000

P/L

【费用】		【收入】	
销售成本	500 000	销售收入	1 200 000
业务委托费	500 000	销售收入（2）	1 000 000
（本年利润）	1 200 000		

业务 ⑫ 发生后的状况

1. 资产和负债如何变化？
· 应收账款这一资产增加了 110 万日元。
· 商品这一资产减少了 50 万日元。

3. 收入和费用如何变化？
· 销售收入（2）增加了 110 万日元。
· 销售成本增加了 50 万日元。

B/S

【资产】		【负债】	
现金	8 200 000	银行借款	5 000 000
应收账款	1 100 000	【所有者权益】	
商品	400 000	（股东权益）	
备品	480 000	资本金	3 000 000
		留存利润	2 180 000
		（其他综合收益累计额）	
	10 180 000		10 180 000

P/L

【费用】		【收入】	
销售成本	1 000 000	销售收入	1 200 000
业务委托费	500 000	销售收入（2）	2 100 000
（本年利润）	1 800 000		

2. 差额如何变化？
· 留存利润增加了 60 万日元。

4. 本期的利润如何变化？
· 增加了 60 万日元。

挑战程序化口诀之业务 ⑬

业务 ⑬ 的概况

【练习题 13】

假设发生了以下业务，请采用程序化口诀进行分析。

×2 年 5 月 31 日	5 月 31 日，顾客按约定付款，公司收回了应收账款 50 万日元。

< 提示 >

应收账款的收回会使应收账款和现金发生变化，理解这一点应该不成问题。

吟唱程序化口诀

< 使用科目的指定 >

关于"资金"，此处不区分库存现金和银行存款，都使用"现金"。

< 程序化口诀的吟唱 >

1. 资产和负债如何变化?

现金这一资产增加了 50 万日元。

应收账款这一资产减少了 50 万日元。

2. 差额如何变化?

没有变化。

3. 收入和费用如何变化?

没有变化。

4. 本期的利润如何变化?

没有变化。

一定要结合以下图示，确认其中数字的变动情况。

业务 ⑬ 发生前的状况

B/S

【资产】		【负债】	
现金	8 200 000	银行借款	5 000 000
应收账款	1 100 000	【所有者权益】	
商品	400 000	（股东权益）	
备品	480 000	资本金	3 000 000
		留存利润	2 180 000
		（其他综合收益累计额）	
	10 180 000		10 180 000

P/L

【费用】		【收入】	
销售成本	1 000 000	销售收入	1 200 000
业务委托费	500 000	销售收入（2）	2 100 000
（本年利润）	1 800 000		

业务 ⑬ 发生后的状况

1. 资产和负债如何变化？
• 现金这一资产增加了 50 万日元。
• 应收账款这一资产减少了 50 万日元。

3. 收入和费用如何变化？
• 没有变化。

B/S

【资产】		【负债】	
现金	8 700 000	银行借款	5 000 000
应收账款	600 000	【所有者权益】	
商品	400 000	（股东权益）	
备品	480 000	资本金	3 000 000
		留存利润	2 180 000
		（其他综合收益累计额）	
	10 180 000		10 180 000

P/L

【费用】		【收入】	
销售成本	1 000 000	销售收入	1 200 000
业务委托费	500 000	销售收入（2）	2 100 000
（本年利润）	1 800 000		

2. 差额如何变化？
• 没有变化。

4. 本期的利润如何变化？
• 没有变化。

挑战程序化口诀之业务 ⑭

业务 ⑭ 的概况

【练习题 14 】

假设发生了以下业务，请采用程序化口诀进行分析。

×2 年 6 月 30 日	用现金支付火灾保险费 10 万日元。保险期限为 1 年，自 ×2 年 7 月 1 日起，至 ×3 年 6 月 30 日止。

＜提示＞

现金这一资产减少 10 万日元，这比较容易理解，同时也产生了未来 1 年享受"保险"服务的权利，这一未来享受服务的权利是通过支付 10 万日元取得的。

这种"未来享受服务的权利"属于资产，称为"预付费用"。尽管名字容易让人误认为是费用，但是它 100% 属于纯粹的资产。

吟唱程序化口诀

＜使用科目的指定＞

关于"资金"，此处不区分库存现金和银行存款，都使用"现金"。

未来享受保险服务的权利称为"预付费用"。

＜程序化口诀的吟唱＞

1.资产和负债如何变化？

现金这一资产减少了 10 万日元。

预付费用这一资产增加了 10 万日元。

2.差额如何变化？

没有变化。

3.收入和费用如何变化？

没有变化。

4. 本期的利润如何变化？

没有变化。

一定要结合以下图示，确认其中数字的变动情况。

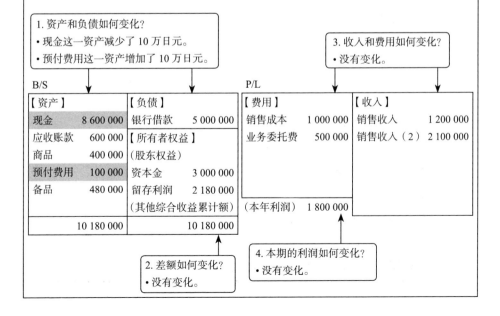

挑战程序化口诀之业务 ⑮

业务 ⑮ 的概况

【练习题 15 】

假设发生了以下业务，请采用程序化口诀进行分析。

×2 年 6 月 30 日	从银行获得的借款 500 万日元，由于到了约定的利息支付日，需要按年利率 4% 支付利息，每半年付息一次。

< 提示 >

利息的金额计算如下：

500 万日元 × 4% × 1/2（半年）=10 万日元。

这部分利息以现金的方式支付。

吟唱程序化口诀

< 使用科目的指定 >

关于"资金"，此处不区分库存现金和银行存款，都使用"现金"。

费用的名称为"利息费用"。

< 程序化口诀的吟唱 >

1. 资产和负债如何变化?

现金这一资产减少了 10 万日元。

其他项目没有变化。

2. 差额如何变化?

留存利润减少了 10 万日元。

3. 收入和费用如何变化?

利息费用这一费用增加了 10 万日元。

4. 本期的利润如何变化?

减少了 10 万日元。

一定要结合以下图示,确认其中数字的变动情况。

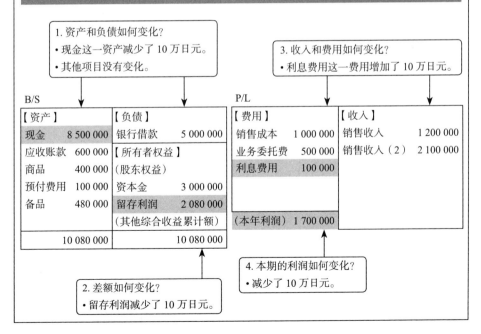

业务 ⑮ 发生前的状况

B/S

【资产】		【负债】	
现金	8 600 000	银行借款	5 000 000
应收账款	600 000	【所有者权益】	
商品	400 000	(股东权益)	
预付费用	100 000	资本金	3 000 000
备品	480 000	留存利润	2 180 000
		(其他综合收益累计额)	
	10 180 000		10 180 000

P/L

【费用】		【收入】	
销售成本	1 000 000	销售收入	1 200 000
业务委托费	500 000	销售收入(2)	2 100 000
(本年利润)	1 800 000		

业务 ⑮ 发生后的状况

1. 资产和负债如何变化?
- 现金这一资产减少了 10 万日元。
- 其他项目没有变化。

3. 收入和费用如何变化?
- 利息费用这一费用增加了 10 万日元。

B/S

【资产】		【负债】	
现金	8 500 000	银行借款	5 000 000
应收账款	600 000	【所有者权益】	
商品	400 000	(股东权益)	
预付费用	100 000	资本金	3 000 000
备品	480 000	留存利润	2 080 000
		(其他综合收益累计额)	
	10 080 000		10 080 000

P/L

【费用】		【收入】	
销售成本	1 000 000	销售收入	1 200 000
业务委托费	500 000	销售收入(2)	2 100 000
利息费用	100 000		
(本年利润)	1 700 000		

2. 差额如何变化?
- 留存利润减少了 10 万日元。

4. 本期的利润如何变化?
- 减少了 10 万日元。

挑战程序化口诀之业务 ⑯

业务 ⑯ 的概况

【练习题 16】

假设发生了以下业务，请采用程序化口诀进行分析。

×2 年 6 月 30 日	公司决定偿还一半从银行获得的借款（250 万日元），由于利息刚支付完毕，所以不需要考虑。

<提示>

偿还银行借款后，负债会减少，现金这一资产也会减少，所以公司的财产净额不变。

吟唱程序化口诀

<使用科目的指定>

使用"现金"和"银行借款"。

<程序化口诀的吟唱>

1. 资产和负债如何变化?

现金这一资产减少了 250 万日元。

银行借款这一负债减少了 250 万日元。

2. 差额如何变化?

没有变化。

3. 收入和费用如何变化?

没有变化。

4. 本期的利润如何变化?

没有变化。

一定要结合以下图示，确认其中数字的变动情况。

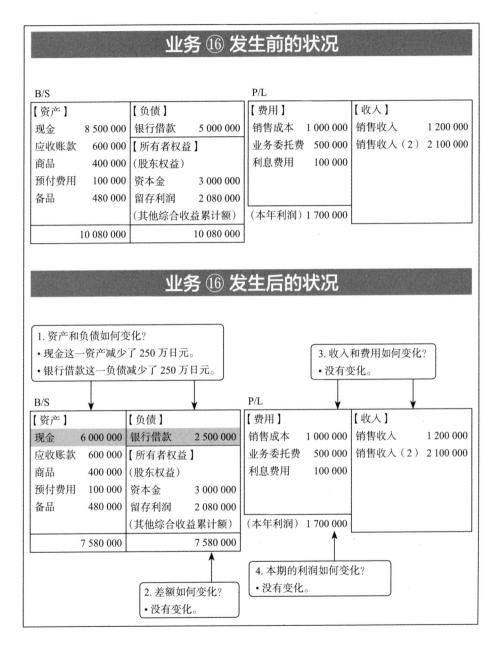

挑战程序化口诀之业务 ⑰

业务 ⑰ 的概况

【练习题 17】

假设发生了以下业务，请采用程序化口诀进行分析。

×2 年 7 月 20 日	公司决定进行少量股票投资，由于看好 B 公司的未来，所以支付 100 万日元现金购入了其股票。

< 提示 >

如果出于投资的目的持有其他公司的股票，那么有必要按公允价值对该资产进行计价。由于现在刚刚购入，所以先按取得成本 100 万日元确认资产价值，之后年终决算时再按公允价值进行计价。

吟唱程序化口诀

< 使用科目的指定 >

关于"资金"，此处不区分库存现金和银行存款，都使用"现金"。

B 公司的股票称为"有价证券投资"。

< 程序化口诀的吟唱 >

1. 资产和负债如何变化?

现金这一资产减少了 100 万日元。

有价证券投资这一资产增加了 100 万日元。

2. 差额如何变化?

没有变化。

3. 收入和费用如何变化?

没有变化。

4. 本期的利润如何变化?

没有变化。

一定要结合以下图示，确认其中数字的变动情况。

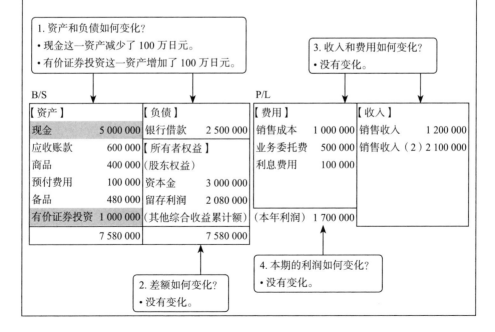

挑战程序化口诀之业务 ⑱

业务 ⑱ 的概况

【练习题 18】

假设发生了以下业务，请采用程序化口诀进行分析。

×2 年 12 月 31 日	与上期期末一样，对备品计提折旧。

<提示>

接上期，假定备品的寿命（使用年限）为 5 年，采用各期计提等额折旧的方法（称为直线法）。

最终备品的价值要减至 0，所以本期备品的价值应减少 600 000 日元 ÷ 5 年 =120 000 日元。

吟唱程序化口诀

<使用科目的指定>

资产的名称当然是"备品"。

关于"资产因使用而产生的价值下降，导致留存利润减少"，以"折旧费"的形式计入利润表。

<程序化口诀的吟唱>

1. 资产和负债如何变化？

备品这一资产减少了 12 万日元。

其他项目没有变化。

2. 差额如何变化？

留存利润减少了 12 万日元。

3. 收入和费用如何变化？

折旧费这一费用增加了 12 万日元。

4.本期的利润如何变化?

减少了 12 万日元。

一定要结合以下图示,确认其中数字的变动情况。

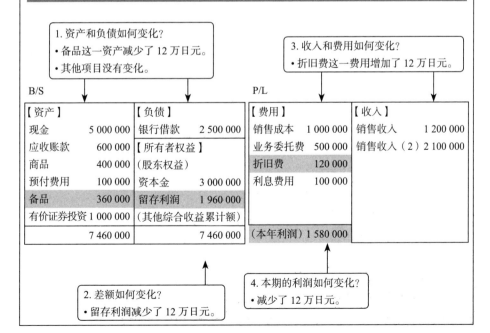

业务 ⑱ 发生前的状况

B/S

【资产】		【负债】	
现金	5 000 000	银行借款	2 500 000
应收账款	600 000	【所有者权益】	
商品	400 000	(股东权益)	
预付费用	100 000	资本金	3 000 000
备品	480 000	留存利润	2 080 000
有价证券投资	1 000 000	(其他综合收益累计额)	
	7 580 000		7 580 000

P/L

【费用】		【收入】	
销售成本	1 000 000	销售收入	1 200 000
业务委托费	500 000	销售收入(2)	2 100 000
利息费用	100 000		
(本年利润)	1 700 000		

业务 ⑱ 发生后的状况

1. 资产和负债如何变化?
• 备品这一资产减少了 12 万日元。
• 其他项目没有变化。

3. 收入和费用如何变化?
• 折旧费这一费用增加了 12 万日元。

B/S

【资产】		【负债】	
现金	5 000 000	银行借款	2 500 000
应收账款	600 000	【所有者权益】	
商品	400 000	(股东权益)	
预付费用	100 000	资本金	3 000 000
备品	360 000	留存利润	1 960 000
有价证券投资	1 000 000	(其他综合收益累计额)	
	7 460 000		7 460 000

P/L

【费用】		【收入】	
销售成本	1 000 000	销售收入	1 200 000
业务委托费	500 000	销售收入(2)	2 100 000
折旧费	120 000		
利息费用	100 000		
(本年利润)	1 580 000		

2. 差额如何变化?
• 留存利润减少了 12 万日元。

4. 本期的利润如何变化?
• 减少了 12 万日元。

挑战程序化口诀之业务 ⑲

业务 ⑲ 的概况

【练习题 19】

假设发生了以下业务，请采用程序化口诀进行分析。

×2 年 12 月 31 日	关于剩下的银行借款 250 万日元，刚好到了年末的利息支付日，不过由于 12 月 31 日是休息日，所以实际的利息支付预计得推迟到年后。

＜提示＞

虽然产生了支付利息的义务，但是 12 月 31 日是休息日，所以过几天（年后）才支付。在决算日，将该支付义务计入负债。负债的项目名称为"应付利息"。

关于计算应付利息等的具体时间间隔，实务中不同公司的处理方式存在差异，按月计算的公司居多，最低要求是每个决算日必须计算一次。

计算的金额为 250 万日元 ×4%×（6 个月／12 个月）=5 万日元

吟唱程序化口诀

＜使用科目的指定＞

尚未履行的利息支付义务这一负债，表示为"应付利息"。

费用的项目名称仍是"利息费用"。

＜程序化口诀的吟唱＞

1. 资产和负债如何变化？

应付利息这一负债增加了 5 万日元。

其他项目没有变化。

2. 差额如何变化？

留存利润减少了 5 万日元。

3. 收入和费用如何变化？

利息费用这一费用增加了 5 万日元。

4.本期的利润如何变化?

减少了 5 万日元。

一定要结合以下图示,确认其中数字的变动情况。

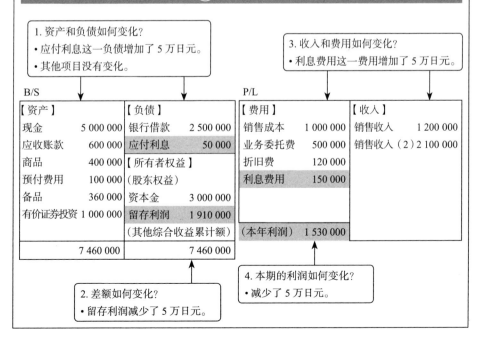

挑战程序化口诀之业务 ⑳

业务 ⑳ 的概况

【练习题 20】

假设发生了以下业务，请采用程序化口诀进行分析。

×2 年 12 月 31 日	作为应收账款对象的 A 公司突然出现经营困难，本公司的剩余应收账款不再可能回收。由于有贵重物品作为担保，将其出售的话可以回收剩余应收账款的一半，即 30 万日元。

＜提示＞

应收账款之类的债权，由于可以判断将来能按约定回收，所以计为资产。如果出现这次这样不能回收的情况，那就需要将不能回收的部分减值，也就是说，应收账款这一资产的价值会减少。

吟唱程序化口诀

＜使用科目的指定＞

应收账款这一资产的价值减少为原来的一半，即 30 万日元。

费用的名称为"坏账损失"。

＜程序化口诀的吟唱＞

1. 资产和负债如何变化？

应收账款这一资产减少了 30 万日元。

其他项目没有变化。

2. 差额如何变化？

留存利润减少了 30 万日元。

3. 收入和费用如何变化？

坏账损失增加了 30 万日元。

4. 本期的利润如何变化？

减少了 30 万日元。

一定要结合以下图示，确认其中数字的变动情况。

业务 ⑳ 发生前的状况

B/S

【资产】		【负债】	
现金	5 000 000	银行借款	2 500 000
应收账款	600 000	应付利息	50 000
商品	400 000	【所有者权益】	
预付费用	100 000	(股东权益)	
备品	360 000	资本金	3 000 000
有价证券投资	1 000 000	留存利润	1 910 000
		(其他综合收益累计额)	
	7 460 000		7 460 000

P/L

【费用】		【收入】	
销售成本	1 000 000	销售收入	1 200 000
业务委托费	500 000	销售收入(2)	2 100 000
折旧费	120 000		
利息费用	150 000		
(本年利润)	1 530 000		

业务 ⑳ 发生后的状况

1. 资产和负债如何变化?
- 应收账款这一资产减少了 30 万日元。
- 其他项目没有变化。

3. 收入和费用如何变化?
- 坏账损失增加了 30 万日元。

B/S

【资产】		【负债】	
现金	5 000 000	银行借款	2 500 000
应收账款	300 000	应付利息	50 000
商品	400 000	【所有者权益】	
预付费用	100 000	(股东权益)	
备品	360 000	资本金	3 000 000
有价证券投资	1 000 000	留存利润	1 610 000
		(其他综合收益累计额)	
	7 160 000		7 160 000

P/L

【费用】		【收入】	
销售成本	1 000 000	销售收入	1 200 000
业务委托费	500 000	销售收入(2)	2 100 000
折旧费	120 000		
坏账损失	300 000		
利息费用	150 000		
(本年利润)	1 230 000		

2. 差额如何变化?
- 留存利润减少了 30 万日元。

4. 本期的利润如何变化?
- 减少了 30 万日元。

挑战程序化口诀之业务 ㉑

业务 ㉑ 的概况

【练习题 21】

假设发生了以下业务，请采用程序化口诀进行分析。

×2 年 12 月 31 日	保险费支付后半年过去了，反映 "享有 1 年期保险服务的权利"的 "预付费用"这一资产耗费了一半。

< 提示 >

半年前，支付未来 1 年的费用共 10 万日元，由于已经过了半年，所以消耗了一半的金额，即 5 万日元。这样，"预付费用"这一资产的金额也有必要降低。

吟唱程序化口诀

< 使用科目的指定 >

预付费用这一资产的价值减少应该可以理解。

费用的名称为"保险费"。

< 程序化口诀的吟唱 >

1. 资产和负债如何变化?

预付费用这一资产减少了 5 万日元。

其他项目没有变化。

2. 差额如何变化?

留存利润减少了 5 万日元。

3. 收入和费用如何变化?

保险费这一费用增加了 5 万日元。

4.本期的利润如何变化?

减少了 5 万日元。

一定要结合以下图示,确认其中数字的变动情况。

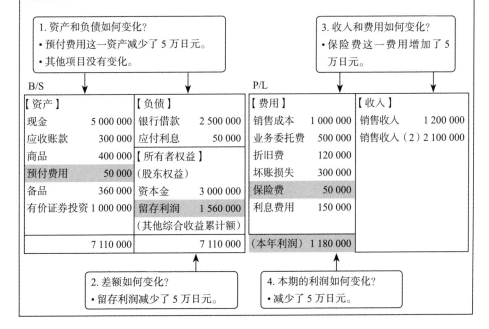

挑战程序化口诀之业务 ㉒

业务 ㉒ 的概况

【练习题 22 】

假设发生了以下业务，请采用程序化口诀进行分析。

×2 年 12 月 31 日	到了决算日，B 公司股票的公允价值变为 120 万日元，需要按照公允价值进行计价。

＜提示＞

持有其他公司的股票时，B/S 上作为资产的有价证券投资按公允价值计价。

一般情况下，取得成本 100 万日元与公允价值 120 万日元的差额 20 万日元，不是视为留存利润的增加，而是增加"其他综合收益"。

因此，会计处理的结果是，"其他综合收益累计额"中的"其他有价证券计价差额"增加 20 万日元（此处不考虑对税的影响）。

吟唱程序化口诀

＜使用科目的指定＞

使用"有价证券投资"和"其他有价证券计价差额"进行会计处理。

＜程序化口诀的吟唱＞

1. 资产和负债如何变化？

有价证券投资这一资产增加了 20 万日元。

其他项目没有变化。

2. 差额如何变化？

其他有价证券计价差额增加了 20 万日元。

3. 收入和费用如何变化？

没有变化。

4. 本期的利润如何变化？

没有变化。

一定要结合以下图示，确认其中数字的变动情况。

业务 ㉒ 发生前的状况

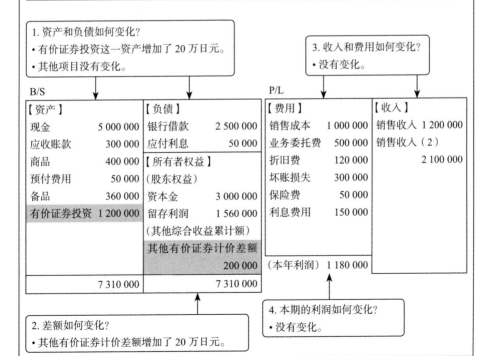

B/S

【资产】		【负债】	
现金	5 000 000	银行借款	2 500 000
应收账款	300 000	应付利息	50 000
商品	400 000	【所有者权益】	
预付费用	50 000	（股东权益）	
备品	360 000	资本金	3 000 000
有价证券投资		留存利润	1 560 000
	1 000 000	（其他综合收益累计额）	
	7 110 000		7 110 000

P/L

【费用】		【收入】	
销售成本	1 000 000	销售收入	1 200 000
业务委托费	500 000	销售收入（2）	
折旧费	120 000		2 100 000
坏账损失	300 000		
保险费	50 000		
利息费用	150 000		
（本年利润）	1 180 000		

业务 ㉒ 发生后的状况

1.资产和负债如何变化?
• 有价证券投资这一资产增加了 20 万日元。
• 其他项目没有变化。

3.收入和费用如何变化?
• 没有变化。

B/S

【资产】		【负债】	
现金	5 000 000	银行借款	2 500 000
应收账款	300 000	应付利息	50 000
商品	400 000	【所有者权益】	
预付费用	50 000	（股东权益）	
备品	360 000	资本金	3 000 000
有价证券投资	1 200 000	留存利润	1 560 000
		（其他综合收益累计额）	
		其他有价证券计价差额	
			200 000
	7 310 000		7 310 000

P/L

【费用】		【收入】	
销售成本	1 000 000	销售收入	1 200 000
业务委托费	500 000	销售收入（2）	
折旧费	120 000		2 100 000
坏账损失	300 000		
保险费	50 000		
利息费用	150 000		
（本年利润）	1 180 000		

2.差额如何变化?
• 其他有价证券计价差额增加了 20 万日元。

4.本期的利润如何变化?
• 没有变化。

挑战程序化口诀之业务 ㉓

业务 ㉓ 的概况

【练习题 23】

迎来了年终决算日，明天便进入下一个会计年度。

×2 年 12 月 31 日	格里咨询公司迎来了第 2 次年终决算，明天便进入下一个会计年度。

＜提示＞

下面的处理与练习题 6 相同。收入和费用是对留存利润中本期增减数额的明细记录。

因此在进入下一个会计年度时，所有收入和费用项目都要结为 0，下期记录从 0 开始。

同时，资产、负债和资本金各项目的期末（本例中为年末）余额，应作为下期的期初（本例中为年初）余额。（例如，现金这一资产的价值完全不会随着本年度的结束而消失）。

可通过图示加以确认。

吟唱程序化口诀

＜使用科目的指定＞

无指定科目。

＜程序化口诀的吟唱＞

1.资产和负债如何变化？

没有变化。

2.差额如何变化？

没有变化。

3.收入和费用如何变化？

由于不属于发生的业务，所以下期期初的收入和费用均为 0，这一点应通过图示进行确认。

4.本期的利润如何变化?

没有变化。

一定要结合以下图示,确认其中数字的变动情况。

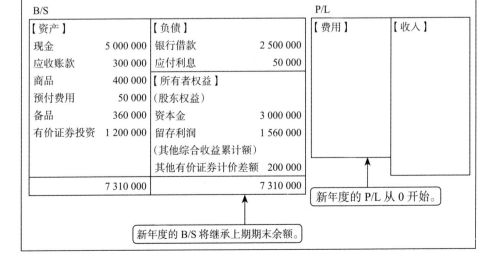

业务 ㉓ 本期期末状况

B/S

【资产】		【负债】	
现金	5 000 000	银行借款	2 500 000
应收账款	300 000	应付利息	50 000
商品	400 000	【所有者权益】	
预付费用	50 000	(股东权益)	
备品	360 000	资本金	3 000 000
有价证券投资		留存利润	1 560 000
	1 200 000	(其他综合收益累计额)	
		其他有价证券计价差额	
			200 000
	7 310 000		7 310 000

P/L

【费用】		【收入】	
销售成本	1 000 000	销售收入	1 200 000
业务委托费	500 000	销售收入(2)	
折旧费	120 000		2 100 000
坏账损失	300 000		
保险费	50 000		
利息费用	150 000		
(本年利润)	1 180 000		

业务 ㉓ 下期期初状况

B/S

【资产】		【负债】	
现金	5 000 000	银行借款	2 500 000
应收账款	300 000	应付利息	50 000
商品	400 000	【所有者权益】	
预付费用	50 000	(股东权益)	
备品	360 000	资本金	3 000 000
有价证券投资	1 200 000	留存利润	1 560 000
		(其他综合收益累计额)	
		其他有价证券计价差额	200 000
	7 310 000		7 310 000

P/L

【费用】	【收入】

新年度的 P/L 从 0 开始。

新年度的 B/S 将继承上期期末余额。

2.4 是否需要具备亲自编制 B/S、P/L 的经历

挑战程序化口诀的感觉如何？辛苦了。

强烈建议不厌其烦地复习这些练习题。

接下来，体验一下"实际编制 B/S 和 P/L"。

有人认为"非会计人员不需要具备生成数字的能力，会看数字就可以"。这种观点与本书的最终目标是一致的，但是，如果用同样的方式来理解实现最终目标的过程，就会很危险。

有过自己动手编制 B/S 和 P/L 经历的人，哪怕只是一次，哪怕只是简单的练习，跟从未编制过的人相比，理解水平和本人的自信程度是完全不同的。

"教过一回就完全理解了"，如果可以领悟这个简单得不能再简单的道理，做事就不纠结了。针对"想弄明白但就是没明白！"的状况，只要多次反复实践，慢慢地就会掌握，这对于包括笔者自己在内的很多人来说的确是事实。"试着编制过报表"的效果日后总会显现。与其这样谈论，不如尽快开始编制。

2.5 编制报表的整体流程

先说明从会计分录到 B/S、P/L 的大体流程。

那么，从头说起。

公司会将每天发生的业务记录在账簿里，最终根据账簿资料来编制 B/S 和 P/L。

在账簿里进行记录，称为记账。

这里所说的账簿，原本的意思是为了写东西而将纸装订成册子，由于此处是会计使用的账簿，所以将其称为会计账簿。

在现代，几乎所有企业都使用软件记账，但纸质数据和电子数据的含义是一样的。

日常业务的记录称为"会计分录"。

账簿就是由这些会计分录构成的,有一种说法叫"分类账"。

会计分录的格式如下所示。

（左侧）科目 ××× 金额 ×××　/（右侧）科目 ××× 金额 ×××

会计分录采用"（左侧）科目 ××× 金额 ×××/（右侧）科目 ×××
金额 ×××"的形式,书写时,通常在左右两侧之间加斜线"/"。

另外,在会计领域,无论谈论会计分录,还是 B/S 和 P/L,都把左侧称
为借方,右侧称为贷方。

一定要注意,借方和贷方只代表左侧和右侧,除此之外完全没有其他任
何意思。"这是一种习惯。"说明可以到此结束,与借款或贷款完全没有关系,
不要为其实际含义而烦恼。⊖

回想一下,所谓 B/S,左侧是资产,右侧是负债和所有者权益。

在会计领域,把事物分成左右来表示可以说是重要的方式。后面将要讨
论的 P/L 也是左右分开的。

因为会计分录是用于编制 B/S 和 P/L 的记录,所以也分为左和右进行
记录。

从会计分录,到最终完成编制 B/S 和 P/L 的流程如下。

①根据日常业务编制会计分录。

②根据会计分录记录的结果,分别记入各会计科目,称为过账。

③根据过账的结果,编制 B/S 和 P/L。

编制报表的整体流程可概括为:日常业务 ⇒ 会计分录 ⇒ 过账 ⇒ 编制 B/S
和 P/L。

以上流程中,除了编制会计分录,其他都属于"轻松的活"。

会计分录多少讲究些规则,这里先不从技术上展开。

接下来说明一下会计分录。

⊖　顺便说一下,用英语表示时,借方是 Dr（debit）,贷方为 Cr（credit）,英语中,除左、右之
　外也没有其他任何意思。

2.6 会计分录的 4 个规则

前面之所以说会计分录讲究规则，是因为其中存在一些技巧。将这些技巧归纳为"会计分录的 4 个规则"理解起来更容易。当然，仅简单罗列不便于理解，需要进行具体说明。

会计分录的 4 个规则：

1. 左侧记录左侧项目的增加，右侧记录右侧项目的增加（原则）。

2. 发生减少时，左右颠倒进行记录。

3. 留存利润的增减，记录为"收入"和"费用"的变化。

4. 进行结账时，将"收入"和"费用"结为 0，计入留存利润。

如果能理解这 4 个规则并将其付诸实践，那么就不需要"照着规则掌握会计分录"，而可以做到"即使不对照规则，自己也可以自如地编制会计分录"。

下面开始进行说明。

2.6.1 左侧记录左侧项目的增加，右侧记录右侧项目的增加（原则）

首先解释"左侧项目"和"右侧项目"的含义。

这意味着需要确定"资产""负债""所有者权益""收入""费用"属于左侧还是右侧（如图 2-6 所示，其中所有者权益要注明详细内容）。

资产	负债
	资本金
	留存利润 （本年度） （以往年度）

图 2-6　资产负债表

关于以上项目是属于左侧还是右侧的结论很清楚，根据图 2-6，给出以下答案。

资产在左侧（B/S 的左侧）。

负债在右侧（B/S 的右侧）。

所有者权益在右侧（B/S 的右侧）。

收入在右侧。

费用在左侧。

为什么会是这样呢？

"资产"

资产列在 B/S 的左侧，会计上一直以来都是如此。尽管时代在变，国别也有不同，但目前几乎全世界都将资产列在左侧，这可以说是"约定俗成"的做法。

"资产"确定后，剩下的 4 个项目其实就自动决定了。

"负债"

如果资产列在左侧，负债自动就列在右侧。由于 B/S 本来就是通过对比资产和负债，反映两者差额的，所以负债列在资产的相反位置，即右侧。

"所有者权益"

所有者权益是资产与负债的差额，通常为正值，所以表示为资产 = 负债 + 差额。

因此，差额（即所有者权益）与负债相同，列在右侧，即使实际上所有者权益为负数，也仍然以负数的形式列在右侧。

"收入"和"费用"

如前所述，收入和费用是留存利润增减的明细（本年度部分）反映，留存利润增加的明细是收入，减少的明细是费用。

通常情况下，利润会是正值（否则经营就无法继续）。

现在假设收入为 100，费用为 60，本期留存利润增加 40。

收入 100- 费用 60 = 本期留存利润净增加额 40（右侧）。

此处把收入列在右侧，把费用列在左侧。

收入 100（右侧）－ 费用 60（左侧）＝留存利润净增加额 40（右侧），由于留存利润在右侧，所以左右吻合。

以上是关于右侧和左侧的说明。图 2-7 是利润表的示例。

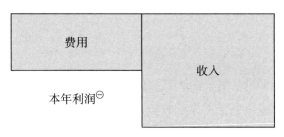

图 2-7　利润表

下面回到会计分录的话题上来。

会计分录的规则 1 "左侧记录左侧项目的增加，右侧记录右侧项目的增加（原则）" 可以理解为：

对于左侧的项目（资产、费用），会计分录的左侧记录增加。

对于右侧的项目（负债、资本金、留存利润），会计分录的右侧记录增加。

这就是原则！

下面举例说明符合规则 1 的会计分录。

假设发生的经济业务为从银行获得 500 万日元的借款。

首先可以进行如下分析：

现金这一资产增加了 500 万日元。资产本来在左侧，所以其增加记在会计分录的左侧。

⊖　"本年利润" 看起来在左边，其实不然。"本年利润" 只不过是利润表中追加列示的向读者呈现的说明性项目，一般的利润表都采用这种容易误导的形式（由于 "本年利润" 只是一种说明性项目，所以这里并没有加框线），但千万不要错误地认为 "利润在左侧"。收入和费用相抵后，余额会留在 "右侧"，这个余额就是本年利润（右侧），意味着留存利润的本年增加额（右侧）。

现金 5 000 000 日元　/　×× 　？？？？？日元

然后对右侧进行如下分析：

银行借款这一负债增加了 500 万日元。负债本来在右侧，所以其增加在会计分录的右侧记录。

现金 5 000 000 日元　/　银行借款　5 000 000 日元

以上是会计分录的编制结果。

2.6.2　发生减少时，左右颠倒进行记录

编制会计分录时，会发生金额减少的情况。

假设用现金偿还 250 万日元的借款。

现金这一资产减少了 250 万日元。

银行借款这一负债减少了 250 万日元。

如果减少的话，是不是将金额写成负数就可以？

现金　−2 500 000 日元　/　银行借款　−2 500 000 日元

其实这也是正确答案，据此完全可以编制正确的 B/S 和 P/L。

但还是有必要好好说明一下。

后面会进一步解释，金额减少的话，左右颠倒进行记录是有好处的。

过去，由于既没有计算器也没有电脑，通过加法计算庞大数字的合计时，"时而混杂负数"的现象会产生相当大的压力。而观察后面"过账"的环节就可以发现，采用"金额减少的话，左右颠倒进行记录"的做法，就会发生不可思议的事！这样计算数字的合计时，账簿中的负数全部都会消失，单纯计算正数的合计就可以了。笔者觉得这种做法的优势在旧时代一定非常突出，古人也真是聪明。下面具体看一下左右颠倒记录减少的结果。

银行借款　2 500 000 日元　/　现金　2 500 000 日元

这样的话，不仅可以编制出正确的 B/S 和 P/L，还可以只对正数计算合计金额。

2.6.3 留存利润的增减，记录为"收入"和"费用"的变化

这是个极致而亮丽的阳谋。

用例子来说明。

在反映程序化口诀流程的基础上，进一步确定各个项目应记在会计分录的哪一侧（左侧或右侧）。

假设举例的内容为用现金支付业务委托费 30 万日元。

资产和负债如何变化？

现金这一资产减少了 30 万日元（记在右侧，表示左侧资产的减少）。

其他项目没有变化。

差额是多少？

留存利润减少了 30 万日元（记在左侧，表示右侧留存利润的减少）。

收入和费用是多少？

业务委托费增加了 30 万日元（记在左侧。费用会使留存利润减少，左侧记录费用增加）。

本期的利润如何变化？

减少了 30 万日元（与会计分录无关）。

将以上内容直接反映为会计分录，结果如下所示。

留存利润 300 000 日元	现金 300 000 日元
业务委托费 300 000 日元	

这样的话，会计分录的左边就重复了。当然。留存利润减少的明细反映是费用，留存利润变动的话费用也会变动，两种变动总是重复的。留存利润的增加和收入的增加也同样是重复的。

问题不只是有重复的感觉，关键是会计分录右侧的合计和左侧的合计

不一致会影响心情。不过还是有聪明的人，他们发现左侧的留存利润 30 万日元不用进行逐一记录。业务委托费这一费用增加 30 万日元的话，之后留存利润的等额减少是可以理解的，如果不逐一记录留存利润 30 万日元的话，会计分录右侧的合计和左侧的合计就能保持一致（称为借贷平衡原理）。这样的话，即使是没有电脑的时代，如果有人出了错，马上就能通过左右两侧不一致发现。

> 业务委托费　300 000 日元　/　现金　300 000 日元

以上是针对举例的会计分录，体现了规则 3 "留存利润的增减，记录为'收入'和'费用'的变化"的含义。另外，左右平衡的要求决定了，所有的业务都要从左和右两个方面同时记录，称为"复式簿记"。

2.6.4　进行结账时，将"收入"和"费用"结为 0，计入留存利润

结账处理是指期末将收入和费用归零的处理。迎来新的一年时，收入和费用都从 0 开始。

根据会计分录的规则 3，留存利润不通过会计分录反映，而属于保留下来的结果，但这种保留不能永远放任不管。

因此，在收入和费用重置为 0 的同时，留存利润的数值也进行了正确调整。

例如，假设在期末时点，销售收入为 100 万日元，那么经过结账，该记录将被消除。

销售收入原本在右侧记录，消除的会计分录应列示在左侧。

> 销售收入　1 000 000 日元　/　××　？？？日元

由于留存利润相应增加，下面对其进行正确调整。

收入是留存利润增加的明细反映，所以收入为 100 万日元意味着留存利润原本增加了 100 万日元，留存利润的增加记录在会计分录的右侧。

> 销售收入 1 000 000 日元 / 留存利润 1 000 000 日元

以上是关于销售收入结账处理的会计分录。

关于费用的结账处理也是同样的道理。

假设在期末时点，业务委托费这一费用为 30 万日元。

进行结账时，一方面将费用消除（右侧），另一方面记录留存利润的减少（左侧）。

> 留存利润 300 000 日元 / 业务委托费 300 000 日元

结果如上所示。关于会计分录 4 个规则的解释到此为止。

将解释的要点与程序化口诀相结合，整理如下。

如果有程序化口诀，可以简单地编制会计分录。

参照以下"会计分录练习示例"，可以按其步骤进行编制。

步骤 1 重复程序化口诀（在头脑中整理）。

步骤 2 决定项目记在会计分录的左侧还是右侧，分别用"←"和"→"标注。

在"①资产和负债如何变化？"和"③收入和费用如何变化？"的地方标注箭头。

基于以下理由，分析①和③这两个方面即可。

关于②中留存利润增减的情况，由于在会计分录中不做记录（规则 3），所以不需要箭头。

留存利润之外的②的变动，是指资本金和其他综合收益累计额的增减，这些业务信息可以用会计分录反映，但是这些情况非常少，所以现在我们将其作为个例进行记忆，"平常情况下不看②也行"。从这个意义上来说，只看①和③就好。

④原本就完全不用会计分录进行记录。

步骤 3 编制成会计分录的形式。

会计分录练习示例

①	×1 年 1 月 1 日	乔治·格里先生将自己 300 万日元的现金进行投资，成立了格里咨询公司。
步骤 1　重复程序化口诀		**步骤 2** **标注箭头（会计分录的左或右）**
①资产和负债如何变化？	现金这一资产增加了 300 万日元。	←
	其他项目没有变化。	
②差额如何变化？	资本金增加了 300 万日元。	→
③收入和费用如何变化？	没有变化。	
④本期的利润如何变化？	没有变化。	
步骤 3　编制会计分录	现金　3 000 000　/　资本金　3 000 000	

注：1. 关于差额方面的信息，只有资本金或计价产生的差额等不常发生的项目会记录在会计分录中，而根据会计分录的规则 3，留存利润的增减不会记录在会计分录中。

2. 关于本期利润，完全没有必要通过会计分录了解，基本上通过①和③的左右两侧就可以决定（资本金或计价产生的差额等导致"其他综合收益累计额"发生增减变动的业务除外）。

好了，下面开始编制会计分录的练习。

2.7　挑战会计分录的练习题

根据程序化口诀的资料，分别编制会计分录（单位：日元）。

①	×1年1月1日	乔治·格里先生将自己 300 万日元的现金进行投资，成立了格里咨询公司。

步骤 1　重复程序化口诀		步骤 2 标注箭头（会计分录的左或右）
①资产和负债如何变化?	现金这一资产增加了 300 万日元。	←
	其他项目没有变化。	
②差额如何变化?	资本金增加了 300 万日元。	→
③收入和费用如何变化?	没有变化。	
④本期的利润如何变化?	没有变化。	

步骤 3　编制会计分录	现金　3 000 000　/　资本金　3 000 000

②	×1年1月1日	设立公司后，为尽早开展工作，需要配备家具。为此，用现金 60 万日元在家具店购买了一套办公家具。

步骤 1　重复程序化口诀		步骤 2 标注箭头（会计分录的左或右）
①资产和负债如何变化?	现金这一资产减少了 60 万日元。	→
	备品这一资产增加了 60 万日元。	←
②差额如何变化?	没有变化。	
③收入和费用如何变化?	没有变化。	
④本期的利润如何变化?	没有变化。	

步骤 3　编制会计分录	备品　600 000　/　现金　600 000

③	×1 年 4 月 30 日	乔治·格里先生接受客户委托，提供业务咨询，客户支付了 80 万日元现金作为报酬。

步骤 1　重复程序化口诀		步骤 2 标注箭头（会计分录的左或右）
①资产和负债如何变化？	现金这一资产增加了 80 万日元。	←
	其他项目没有变化。	
②差额如何变化？	留存利润增加了 80 万日元。	
③收入和费用如何变化？	销售收入增加了 80 万日元。	→
④本期的利润如何变化？	增加了 80 万日元。	

步骤 3　编制会计分录	现金　800 000　/　销售收入　800 000

④	×1 年 7 月 31 日	委托熟人的公司完成某项工作，用现金支付业务委托费 30 万日元。

步骤 1　重复程序化口诀		步骤 2 标注箭头（会计分录的左或右）
①资产和负债如何变化？	现金这一资产减少了 30 万日元。	→
	其他项目没有变化。	
②差额如何变化？	留存利润减少了 30 万日元。	
③收入和费用如何变化？	业务委托费这一费用增加了 30 万日元。	←
④本期的利润如何变化？	减少了 30 万日元。	

步骤 3　编制会计分录	业务委托费　300 000　/　现金　300 000

⑤	×1 年 12 月 31 日	由于 1 月 1 日购入的办公家具（备品）已使用 1 年，所以可以认为备品这一资产的价值下降，该业务需要同时在 B/S 和 P/L 进行反映。

步骤 1　重复程序化口诀		步骤 2 标注箭头（会计分录的左或右）
①资产和负债如何变化？	备品这一资产减少了 12 万日元。	→
	其他项目没有变化。	
②差额如何变化？	留存利润减少了 12 万日元。	
③收入和费用如何变化？	折旧费这一费用增加了 12 万日元。	←
④本期的利润如何变化？	减少了 12 万日元。	

步骤 3　编制会计分录	折旧费 120 000 / 备品 120 000

⑥	×1 年 12 月 31 日	编制第 1 次结账处理的会计分录，收入和费用的金额分别如下。 收入：销售收入　　800 000 费用：业务委托费　300 000 　　　折旧费　　　120 000

步骤 1　重复程序化口诀		步骤 2 标注箭头（会计分录的左或右）
①资产和负债如何变化？	此处均未变化。所有收入和费用都归为 0，记入之前没有任何记录的留存利润。	
②差额如何变化？		
③收入和费用如何变化？		
④本期的利润如何变化？		

步骤 3　编制会计分录	销售收入 800 000 / 留存利润 800 000 留存利润 300 000 / 业务委托费 300 000 留存利润 120 000 / 折旧费 120 000

⑦	×2 年 1 月 1 日	从银行借入 500 万日元，利息于每 6 个月月末支付，年利率为 4%。

步骤 1　重复程序化口诀		步骤 2 标注箭头（会计分录的左或右）
①资产和负债如何变化？	现金这一资产增加了 500 万日元。	←
	银行借款这一负债增加了 500 万日元。	→
②差额如何变化？	没有变化。	
③收入和费用如何变化？	没有变化。	
④本期的利润如何变化？	没有变化。	

步骤 3　编制会计分录	现金　5 000 000　/　银行借款　5 000 000

⑧	×2 年 2 月 10 日	乔治·格里先生接受客户委托，提供业务咨询，客户支付了 120 万日元现金的报酬。

步骤 1　重复程序化口诀		步骤 2 标注箭头（会计分录的左或右）
①资产和负债如何变化？	现金这一资产增加了 120 万日元。	←
	其他项目没有变化。	
②差额如何变化？	留存利润增加了 120 万日元。	
③收入和费用如何变化？	销售收入增加了 120 万日元。	→
④本期的利润如何变化？	增加了 120 万日元。	

步骤 3　编制会计分录	现金　1 200 000　/　销售收入　1 200 000

⑨	×2 年 3 月 6 日	再次委托熟人的公司完成某项工作，用现金支付业务委托费 50 万日元。

步骤 1　重复程序化口诀		步骤 2 标注箭头（会计分录的左或右）
①资产和负债如何变化？	现金这一资产减少了 50 万日元。	→
	其他项目没有变化。	
②差额如何变化？	留存利润减少了 50 万日元。	
③收入和费用如何变化？	业务委托费增加了 50 万日元。	←
④本期的利润如何变化？	减少了 50 万日元。	

步骤 3　编制会计分录	业务委托费 500 000 / 现金　500 000

⑩	×2 年 4 月 1 日	在经营咨询业务的同时，公司还决定销售某种专门化程度较高的商品，为此支付现金购入了 140 万日元的商品。

步骤 1　重复程序化口诀		步骤 2 标注箭头（会计分录的左或右）
①资产和负债如何变化？	现金这一资产减少了 140 万日元。	→
	商品这一资产增加了 140 万日元。	←
②差额如何变化？	没有变化。	
③收入和费用如何变化？	没有变化。	
④本期的利润如何变化？	没有变化。	

步骤 3　编制会计分录	商品 1 400 000 / 现金　1 400 000

⑪-1	×2 年 4 月 20 日	部分商品（50 万日元）售出，实现销售额 100 万日元。

步骤 1　重复程序化口诀		步骤 2 标注箭头（会计分录的左或右）
①资产和负债如何变化？	商品这一资产减少了 50 万日元。	→
	现金这一资产增加了 100 万日元。	←
②差额如何变化？	留存利润增加了 50 万日元。	
③收入和费用如何变化？	商品销售利润增加了 50 万日元。	→
④本期的利润如何变化？	增加了 50 万日元。	

步骤 3　编制会计分录	现金　1 000 000	商品　500 000 商品销售利润　500 000

⑪-2	×2年4月 20日	业务 ⑪ 的另一种处理方法。 部分商品（50万日元）售出，实现销售额100万日元（假定采用销售毛利的方法进行处理）。为便于区分，记录为销售收入（2）。	

步骤1　重复程序化口诀		步骤2 标注箭头（会计分录的左或右）
①资产和负债如何变化?	商品这一资产减少了50万日元。	→
	现金这一资产增加了100万日元。	←
②差额如何变化?	留存利润增加了50万日元。	
③收入和费用如何变化?	销售收入（2）增加了100万日元。	→
	销售成本增加了50万日元。	←
④本期的利润如何变化?	增加了50万日元。	

步骤3　编制会计分录	现金　　1 000 000 销售成本　 500 000	销售收入（2）　1 000 000 商品　　 500 000

⑫	×2 年 4 月 30 日	50 万日元的商品以 110 万日元售出，货款未收，预计 5 月 31 日收回 50 万日元，其余部分预计在 12 月 30 日收回。	
步骤 1　重复程序化口诀		步骤 2 标注箭头（会计分录的左或右）	
①资产和负债如何变化？	商品这一资产减少了 50 万日元。	→	
	应收账款这一资产增加了 110 万日元。	←	
②差额如何变化？	留存利润增加了 60 万日元。		
③收入和费用如何变化？	销售收入（2）增加了 110 万日元。	→	
	销售成本增加了 50 万日元。	←	
④本期的利润如何变化？	增加了 60 万日元。		
步骤 3　编制会计分录	应收账款　1 100 000 销售成本　　500 000	销售收入（2）　1 100 000 商品　　500 000	

⑬	×2年5月 31日	5月31日，顾客按约定付款，公司收回了应收账款50万日元。
步骤1 重复程序化口诀		步骤2 标注箭头（会计分录的左或右）
①资产和负债如何变化？	现金这一资产增加了50万日元。	←
	应收账款这一资产减少了50万日元。	→
②差额如何变化？	没有变化。	
③收入和费用如何变化？	没有变化。	
④本期的利润如何变化？	没有变化。	
步骤3 编制会计分录	现金 500 000 / 应收账款 500 000	

⑭	×2年6月 30日	用现金支付火灾保险费10万日元。保险期限为1年，自×2年7月1日起，至×3年6月30日止。
步骤1 重复程序化口诀		步骤2 标注箭头（会计分录的左或右）
①资产和负债如何变化？	现金这一资产减少了10万日元。	→
	预付费用这一资产增加了10万日元。	←
②差额如何变化？	没有变化。	
③收入和费用如何变化？	没有变化。	
④本期的利润如何变化？	没有变化。	
步骤3 编制会计分录	预付费用 100 000 / 现金 100 000	

⑮	×2 年 6 月 30 日	从银行获得的借款 500 万日元，由于到了约定的利息支付日，需要按年利率 4% 支付利息，每半年付息一次。 利息的金额计算如下： 500 万日元 ×4%×1/2（半年）=10 万日元。

步骤 1　重复程序化口诀		步骤 2 标注箭头（会计分录的左或右）
①资产和负债如何变化？	现金这一资产减少了 10 万日元。	⟶
	其他项目没有变化。	
②差额如何变化？	留存利润减少了 10 万日元。	
③收入和费用如何变化？	利息费用这一费用增加了 10 万日元。	⟵
④本期的利润如何变化？	减少了 10 万日元。	

步骤 3　编制会计分录	利息费用　100 000　/　现金　100 000

⑯	×2 年 6 月 30 日	公司决定偿还一半从银行获得的借款（250 万日元），由于利息刚支付完毕，所以不需要考虑。

步骤 1　重复程序化口诀		步骤 2 标注箭头（会计分录的左或右）
①资产和负债如何变化？	现金这一资产减少了 250 万日元。	⟶
	银行借款这一负债减少了 250 万日元。	⟵
②差额如何变化？	没有变化。	
③收入和费用如何变化？	没有变化。	
④本期的利润如何变化？	没有变化。	

步骤 3　编制会计分录	银行借款　2 500 000　/　现金　2 500 000

⑰	×2 年 7 月 20 日	公司决定进行少量股票投资，由于看好 B 公司的未来，所以支付 100 万日元现金购入了其股票。

步骤 1　重复程序化口诀		步骤 2 标注箭头（会计分录的左或右）
①资产和负债如何变化？	现金这一资产减少了 100 万日元。	→
	有价证券投资这一资产增加了 100 万日元。	←
②差额如何变化？	没有变化。	
③收入和费用如何变化？	没有变化。	
④本期的利润如何变化？	没有变化。	

步骤 3　编制会计分录	有价证券投资　1 000 000　/　现金　1 000 000

⑱	×2 年 12 月 31 日	与上期期末一样，对备品计提折旧。

步骤 1　重复程序化口诀		步骤 2 标注箭头（会计分录的左或右）
①资产和负债如何变化？	备品这一资产减少了 12 万日元。	→
	其他项目没有变化。	
②差额如何变化？	留存利润减少了 12 万日元。	
③收入和费用如何变化？	折旧费这一费用增加了 12 万日元。	←
④本期的利润如何变化？	减少了 12 万日元。	

步骤 3　编制会计分录	折旧费　120 000　/　备品　120 000

⑲	×2 年 12 月 31 日	关于剩下的银行借款 250 万日元，刚好到了年末的利息支付日，不过由于 12 月 31 日是休息日，所以实际的利息支付预计得推迟到年后。 利息的金额计算如下： 250 万日元 ×4%×（6 个月 / 12 个月）= 5 万日元。

步骤 1　重复程序化口诀		步骤 2 标注箭头（会计分录的左或右）
①资产和负债如何变化？	应付利息这一负债增加了 5 万日元。	⟶
	其他项目没有变化。	
②差额如何变化？	留存利润减少了 5 万日元。	
③收入和费用如何变化？	利息费用这一费用增加了 5 万日元。	⟵
④本期的利润如何变化？	减少了 5 万日元。	

步骤 3　编制会计分录	利息费用　50 000 ／ 应付利息　50 000

⑳	×2 年 12 月 31 日	作为应收账款对象的 A 公司突然出现经营困难，本公司的剩余应收账款不再可能回收。由于有贵重物品作为担保，将其出售的话可以回收剩余应收账款的一半，即 30 万日元。	
步骤 1　重复程序化口诀			**步骤 2** **标注箭头（会计分录的左或右）**
①资产和负债如何变化？	应收账款这一资产减少了 30 万日元。		→
	其他项目没有变化。		
②差额如何变化？	留存利润减少了 30 万日元。		
③收入和费用如何变化？	坏账损失增加了 30 万日元。		←
④本期的利润如何变化？	减少了 30 万日元。		
步骤 3　编制会计分录		坏账损失 300 000 / 应收账款 300 000	

㉑	×2 年 12 月 31 日	保险费支付后半年过去了，反映"享有 1 年期保险服务的权利"的"预付费用"这一资产耗费了一半。	
步骤 1　重复程序化口诀			**步骤 2** **标注箭头（会计分录的左或右）**
①资产和负债如何变化？	预付费用这一资产减少了 5 万日元。		→
	其他项目没有变化。		
②差额如何变化？	留存利润减少了 5 万日元。		
③收入和费用如何变化？	保险费这一费用增加了 5 万日元。		←
④本期的利润如何变化？	减少了 5 万日元。		
步骤 3　编制会计分录		保险费 50 000 / 预付费用 50 000	

㉒	×2 年 12 月 31 日	到了决算日，B 公司股票的公允价值变为 120 万日元，需要按照公允价值进行计价。

步骤 1　重复程序化口诀		步骤 2 标注箭头（会计分录的左或右）
①资产和负债如何变化？	有价证券投资这一资产增加了 20 万日元。	←
	其他项目没有变化。	
②差额如何变化？	其他有价证券计价差额增加了 20 万日元。	→
③收入和费用如何变化？	没有变化。	
④本期的利润如何变化？	没有变化。	

步骤 3　编制会计分录	有价证券投资 200 000	其他有价证券计价差额 200 000

㉓	×2 年 12 月 31 日	编制第 2 次结账时的会计分录，收入和费用的金额如下所示。 收入： 销售收入　　　　　1 200 000 销售收入（2）　　 2 100 000 费用： 销售成本　　　　　1 000 000 业务委托费　　　　　500 000 折旧费　　　　　　　120 000 坏账损失　　　　　　300 000 保险费　　　　　　　 50 000 利息费用　　　　　　150 000

步骤 1　重复程序化口诀		步骤 2 标注箭头（会计分录的左或右）
①资产和负债如何变化?	此处均未变化。 所有收入和费用都归为 0，计入留存利润!	
②差额如何变化?		
③收入和费用如何变化?		
④本期的利润如何变化?		

步骤 3　编制会计分录	销售收入　 1 200 000　/　留存利润　 1 200 000 销售收入（2）2 100 000　/　留存利润　 2 100 000 留存利润　 1 000 000　/　销售成本　 1 000 000 留存利润　　 500 000　/　业务委托费　 500 000 留存利润　　 120 000　/　折旧费　　　 120 000 留存利润　　 300 000　/　坏账损失　　 300 000 留存利润　　　50 000　/　保险费　　　　50 000 留存利润　　 150 000　/　利息费用　　 150 000

辛苦了。

会计分录的练习应该足够了。

至此，可以编制会计分录了。

当然，如果不反复复习的话，就不会有沉浸其中的感觉，所掌握的技巧很快就会丢失殆尽！

能够编制会计分录，每发生一笔经济业务，都能通过程序化口诀把握 B/S 和 P/L 变动情况的话，毫不夸张地说，会计入门阶段的学习就已经完全结束了。

不过还有一点，希望读者能够注意，关于从"过账"到"编制 B/S 和 P/L"的流程，请阅读下一节的内容。

2.8　参考：过账的解释

过账是指将会计分录的数字逐个抄录到会计科目的过程。

请确认格里咨询公司第 1 期和第 2 期会计分录的数字已分别正确记入了后文所示的每个科目的左右两侧（见图 2-8 和图 2-9）。

会计分录					
1	现金	3 000 000	/	资本金	3 000 000
2	备品	600 000	/	现金	600 000
3	现金	800 000	/	销售收入	800 000
4	业务委托费	300 000	/	现金	300 000
5	折旧费	120 000	/	备品	120 000

结账处理的会计分录 （所有收入和费用都归为 0，计入留存利润）					
6	销售收入	800 000	/	留存利润	800 000
	留存利润	300 000	/	业务委托费	300 000
	留存利润	120 000	/	折旧费	120 000

图 2-8　参考：过账的解释（第 1 期）

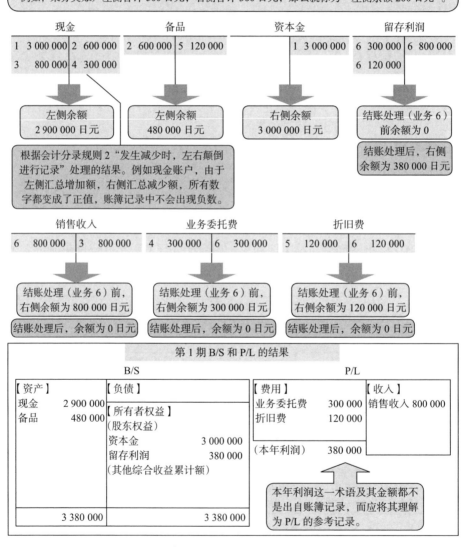

将会计分录的数字按会计科目进行汇总，只需保证会计分录的数字以及左右方向不出错即可。

下面的各个账户从形状上呈 T 形，称为"分类账户"或 T 型账。

此外，各会计科目的分类账户统称为"总分类账"。

请确认所有会计分录的数字都正确地记入各自的分类账户中。

各分类账户发生增减变化后最终残留的金额，会计用语称为余额。

例如，某分类账户左侧合计 500 日元，右侧合计 300 日元，那么就称为"左侧余额 200 日元"。

现金		备品		资本金		留存利润	
1 3 000 000	2 600 000	2 600 000	5 120 000		1 3 000 000	6 300 000	6 800 000
3 800 000	4 300 000					6 120 000	

左侧余额 2 900 000 日元	左侧余额 480 000 日元	右侧余额 3 000 000 日元	结账处理（业务 6）前余额为 0

结账处理后，右侧余额为 380 000 日元

根据会计分录规则 2 "发生减少时，左右颠倒进行记录"处理的结果。例如现金账户，由于左侧汇总增加额，右侧汇总减少额，所有数字都变成了正值，账簿记录中不会出现负数。

销售收入		业务委托费		折旧费	
6 800 000	3 800 000	4 300 000	6 300 000	5 120 000	6 120 000

结账处理（业务 6）前，右侧余额为 800 000 日元

结账处理后，余额为 0 日元

结账处理（业务 6）前，右侧余额为 300 000 日元

结账处理后，余额为 0 日元

结账处理（业务 6）前，右侧余额为 120 000 日元

结账处理后，余额为 0 日元

第 1 期 B/S 和 P/L 的结果

B/S

【资产】		【负债】	
现金	2 900 000		
备品	480 000	【所有者权益】	
		（股东权益）	
		资本金	3 000 000
		留存利润	380 000
		（其他综合收益累计额）	
	3 380 000		3 380 000

P/L

【费用】		【收入】	
业务委托费	300 000	销售收入 800 000	
折旧费	120 000		
（本年利润）	380 000		

本年利润这一术语及其金额都不是出自账簿记录，而应将其理解为 P/L 的参考记录。

图 2-8　参考：过账的解释（第 1 期）(续)

会计分录					
7	现金	5 000 000	/	银行借款	5 000 000
8	现金	1 200 000	/	销售收入	1 200 000
9	业务委托费	500 000	/	现金	500 000
10	商品	1 400 000	/	现金	1 400 000
11-1	11-1 的会计分录与 11-2（销售毛利）的会计分录可以任选其一，此处选择 11-2。				
11-2	现金	1 000 000	/	销售收入（2）	1 000 000
	销售成本	500 000		商品	500 000
12	应收账款	1 100 000	/	销售收入（2）	1 100 000
	销售成本	500 000		商品	500 000
13	现金	500 000	/	应收账款	500 000
14	预付费用	100 000	/	现金	100 000
15	利息费用	100 000	/	现金	100 000
16	银行借款	2 500 000	/	现金	2 500 000
17	有价证券投资	1 000 000	/	现金	1 000 000
18	折旧费	120 000	/	备品	120 000
19	利息费用	50 000	/	应付利息	50 000
20	坏账损失	300 000	/	应收账款	300 000
21	保险费	50 000	/	预付费用	50 000
22	有价证券投资	200 000	/	其他有价证券计价差额	200 000

结账处理的会计分录					
	（所有收入和费用都归为 0，计入留存利润）				
23	销售收入	1 200 000		留存利润	1 200 000
	销售收入（2）	2 100 000		留存利润	2 100 000
	留存利润	1 000 000		销售成本	1 000 000
	留存利润	500 000		业务委托费	500 000
	留存利润	120 000		折旧费	120 000
	留存利润	300 000		坏账损失	300 000
	留存利润	50 000	/	保险费	50 000
	留存利润	150 000		利息费用	150 000

> 各期决算日账户的最终余额称为"期末余额"，各期开始时点账户的余额称为"期初余额"。
>
> 资产负债表的资产、负债和资本金各账户前期的期末余额结转至下期，即为下期开始时点账户的期初余额。
>
> 利润表的收入和费用是"1 年内"留存利润增减的明细反映，各期期初都从 0 开始，所以没有期初余额。

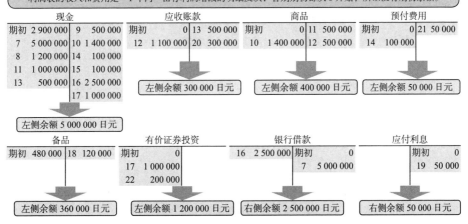

图 2-9　参考：过账的解释（第 2 期）

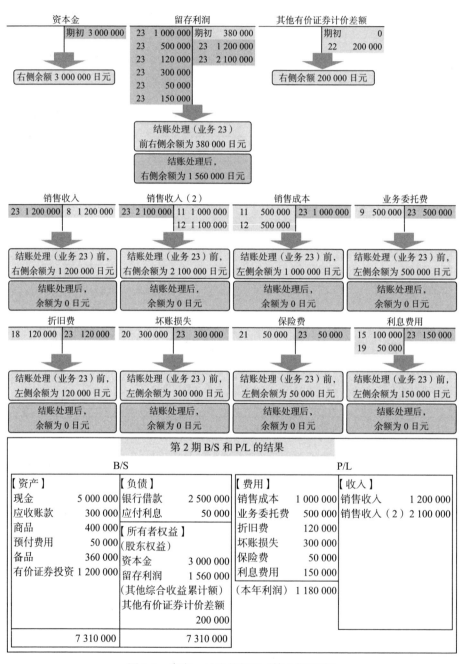

图 2-9　参考：过账的解释（第 2 期）(续)

专栏话题 2　国际会计准则的观点与本书的说明方法

想必大家都听说过"国际会计准则"这一术语。

会计准则是指会计所遵守的规则。国际会计准则是以欧洲为中心发展起来的会计规则，目前全球采用国际会计准则的国家和企业在不断增加。其实在会计领域，存在三种准则，分别是国际会计准则、美国通用会计准则以及日本会计准则。

目前来看，这三种准则的内容非常相似。总体印象是，在国际会计准则主导的前提下，三种准则相互影响⊖。日本会计准则在最近的 1/4 世纪内也发生了很大变化。

接下来将介绍国际会计准则中有关"资产""负债""所有者权益""收入""费用"定义的内容，以便与本书第 2 章正文的说明进行对照。

国际会计准则中有一份名为"概念框架"的文件，该概念框架是制定国际会计各具体准则的依据，在明确基本观念的同时，力图为外界理解和解释国际会计准则的各具体准则提供帮助。最初的概念框架于 1989 年公布，之后分别于 2010 年和 2018 年进行修订。

由于此概念框架中包含了"资产""负债""所有者权益""收入""费用"的定义，所以下面按顺序进行说明⊜。乍一看好像很难，但慢慢读下去的话，一定没问题，请一定要坚持到最后。

IFRS 中资产的定义

概念框架对会计上资产的定义进行了如下表述。

资产是指企业在过去的交易或者事项中形成的、企业现在可以控制的经济资源。经济资源是指具有给企业带来经济利益的潜在能力的权利。

⊖　英语中国际会计准则为" International Financial Reporting Standards"，简称" IFRS"，直译的话应该叫"国际财务报告准则"，但一般称为"国际会计准则"。

⊜　本书多处引用了资产、负债、所有者权益、收入、费用的概念框架，这些概念的英文原文以及翻译的版权归 IFRS 所有。

An asset is a present economic resource controlled by the entity as a result of past events.An economic resource is a right that has the potential to produce economic benefits.

本书第 2 章的正文中，对资产的定义进行过如下说明。

要点 1

企业能够**控制**。所谓控制，是指同时满足以下三个条件。

①几乎拥有一切自由使用的权利。

②可以享受使用带来的好处。

③可以排除他人使用。

另外，"将来打算控制"是不行的，必须是**已经控制**。

要点 2

具有价值（即**未来产生现金流**），具体包括两种模式。

①回收现金。例如，应收账款以现金形式收回。

②回收投资。例如，设备投资使得销售业务顺利进行，投资以利润的形式回收。

但是，在回收可能性较低的情况下，虽然满足资产的定义，但无法计入 B/S 中。

本书的说明与概念框架的描述相吻合。

下面补充说明相互吻合的要点。

- "过去的交易或者事项中形成、企业可以控制"是指"已经控制"。
- "经济利益"意味着"未来产生现金流"，这是普遍认可的一种解释。
- "潜在能力"可以解释为"其可能性能满足资产的定义"。

重新审视 IFRS 的定义后，再读本书第 2 章正文的话，一定很快就能理解。

下面是负债的说明。

IFRS 中负债的定义

概念框架对会计上负债的定义进行了如下表述。

负债是指企业在过去的交易或者事项中形成的、预期会导致经济资源流出企业的现时义务。

义务是企业实际上无法回避的责任。

A liability is a present obligation of the entity to transfer an economic resource as a result of past events.

An obligation is a duty or responsibility that an entity has no practical ability to avoid.

本书第 2 章正文中，对负债的定义进行过如下说明。

第 2 章正文提到的"企业承担了义务，还不能说明一定就有负债。只有**在将来用企业自身资产清偿**的义务才是负债"，上述"导致经济资源流出企业的现时义务"就是针对这一点而言的。

第 2 章正文提到的"负债的对象是**现在已经承担的义务**"与"在过去的交易或者事项中形成"相对应。

第 2 章正文提到的"**'不需要支付'在现实中是不可能的**"与"实际上无法回避"相对应。

通过以上论述，相信本书的读者对概念框架中有关负债的表述能更容易地理解了（慢慢读的话）。

IFRS 中所有者权益的定义

在概念框架的日文翻译中，所有者权益被称为"股东权益"，两者的意思相同。

概念框架对会计上"股东权益"的定义进行了如下表述。

股东权益是指扣除企业所有负债后对资产的剩余权益。

Equity is the residual interest in the assets of the entity after deducting all its liabilities.

本书第 2 章对所有者权益的定义进行过如下说明。

"所有者权益是资产和负债的**差额**"。

这与概念框架中所说的"扣除企业所有负债后对资产的剩余权益"意思相同。

但是,"剩余权益"(residual interest)与单纯的"差额"还是有区别的。

关于这一点,之所以采用逻辑上"差额"的说法,纯粹就是为了用"最简短的语言来定义"。如果同时将该差额所具有的含义一并表述,那么可以说"差额表示股东权益"。

接下来是关于收入和费用的说明。

IFRS 中收入和费用的定义

概念框架对会计上"收入"和"费用"的定义进行了如下表述。

收入使得股东权益增加、资产增加或负债减少(不包括具有股东权益要求权的所有者缴付的出资)。

费用使得股东权益减少、资产减少或负债增加(不包括向具有股东权益要求权的所有者进行的分配)。

Income is increases in assets, or decreases in liabilities, that result in increases in equity, other than those relating to contributions from holders of equity claims.

Expenses are decreases in assets, or increases in liabilities, that result in decreases in equity, other than those relating to distributions to holders of equity claims.

稍微进行如下补充。

关于"使得股东权益增加(减少)、资产增加(减少)或负债减少(增加)"的说法,如果能一口气读完的话,就能体会到其妙处。这与"资产和负债变动的话差额就会变动"的意思相同。

所谓的"不包括具有股东权益要求权的所有者缴付的出资"，与"不包括因出资产生的差额"意思相同。

不过，IFRS 中收入和费用的定义与本书的说明还是存在差异。

在本书的第 2 章正文中曾提及，资产和负债之间产生差额的原因有以下 3 种。

①因出资产生的差额（资本金＋资本公积）

②因获得利润产生的差额（留存利润）

③其他差额（其他综合收益累计额）

正如 IFRS 所说，"因出资产生的差额"以外的差额的增加与减少属于②和③两种情况。也就是说，按照 IFRS 的观点，②留存利润的增减，以及③其他综合收益累计额的增减，都被视为收入和费用。

与此相对，日本的会计准则中，仅把②留存利润的增减作为收入和费用。

本书中收入和费用的定义采用的是日本会计准则的观点。

两者不存在一方绝对正确，另一方错误的问题，仅仅是看法不同而已。

本书第 2 章对收入和费用的定义进行了如下说明。

收入是指留存利润中本期增加额的明细反映。

费用是指留存利润中本期减少额的明细反映。

也就是说，收入和费用反映的是②留存利润增减明细。

如此说来，IFRS 与日本会计准则对"收入和费用"的定义是存在不同的。

不过，在以下用词方面，IFRS 与日本会计准则是一致的。

上述②和③本期增减合计的金额称为"综合收益"。

在本年度的"综合收益"中，留存利润的增减称为"本期净利润"。

在本年度的"综合收益"中，"本期净利润"以外的部分称为"其他综合收益"。

也就是说综合收益＝本期净利润＋其他综合收益。

顺便说一下，其他综合收益的英语表达是"other comprehensive income"，简称为 OCI。

会计循环的话题

由于提到了其他综合收益累计额，所以要谈谈**会计循环**。

其他有价证券计价差额是其他综合收益累计额的代表性项目，因而以此为例进行说明。

假设以投资为目的，支付 100 万日元购买了其他公司的股票。

到会计期末，该股票的公允价值上升到 120 万日元，因此需要按公允价值进行计价。

其他有价证券投资　200 000 日元　/　其他有价证券计价差额　200 000 日元

若下期的公允价值变为 150 万日元，那么仍需采用公允价值进行计价。

其他有价证券投资　300 000 日元　/　其他有价证券计价差额　300 000 日元

假设此时以 150 万日元的价格出售了该股票。

现金　1 500 000 日元　/　其他有价证券投资　1 500 000 日元

其他有价证券计价差额　500 000 日元　/　有价证券出售收益　500 000 日元

最后的这笔会计分录所完成的，就是会计循环。

其意义在于，将计入"其他综合收益累计额"的金额转入"留存利润"。向留存利润的结转，是通过计入本期收入或费用实现的。

因为出售了有价证券，所以不再是计价差额，而成为出售损益，也就是说，不再是"其他综合收益累计额"，而变成了"留存利润"。

另外，也可以将该会计处理称为结账处理或结账调整。

第3章

资产负债表、利润表、现金流量表的详细解读

全球专业人士学习的会计书

运用资产负债法掌握可利用的知识

3.1 资产负债表和利润表的解读

3.1.1 现实版 B/S 和 P/L 概览

下面以一家模拟上市公司 20×2 年决算的合并资产负债表（见表 3-1）和合并利润表（见表 3-2）为例，开始进行说明。

具体的解读顺序为，首先是合并资产负债表，然后是合并利润表。

表 3-1 合并资产负债表

（单位：百万日元）

	上年度 （20×1 年 3 月 31 日）	本年度 （20×2 年 3 月 31 日）
资产部分		
流动资产		
现金和银行存款	95 407	86 395
应收账款	28 558	36 225
商品	10 088	10 800
预付费用	9 896	12 061
其他应收款	51 781	60 993
其他流动资产	3 389	11 525
坏账准备	△ 1 442	△ 2 693
流动资产合计	197 680	215 308
固定资产		
有形固定资产		
房屋和建筑物	273 417	299 324
累计折旧	△ 140 192	△ 154 322
房屋和建筑物净额	133 225	145 001
运输车辆和工具器具备品	75 856	74 219
累计折旧	△ 59 242	△ 60 619
运输车辆和工具器具备品净额	16 613	13 599
土地	9 336	9 874
租赁资产	108 329	141 874
累计折旧	△ 34 273	△ 50 972
租赁资产净额	74 055	90 902

（续）

	上年度 （20×1年3月31日）	本年度 （20×2年3月31日）
在建工程	2 150	3 351
有形固定资产合计	235 381	262 728
无形固定资产		
软件	25 048	16 772
在研软件	1 867	3 782
商誉	10 898	10 939
其他无形固定资产	553	559
无形固定资产合计	38 366	32 054
投资和其他资产		
有价证券投资	11 365	14 430
长期应收款	38 919	37 959
长期待摊费用	10 276	9 296
保证金	96 914	96 960
递延税款资产	28 730	29 384
其他资产	1 540	1 878
资产减值准备	△1 370	△1 086
投资和其他资产合计	181 136	188 824
固定资产合计	454 884	483 606
资产合计	652 563	698 914
负债部分		
流动负债		
应付账款	12 570	10 946
短期借款	88 746	91 759
租赁负债	16 307	18 666
其他应付款	29 381	33 026
应交税费	16 290	16 128
预收款项	98 512	98 575
预提员工奖励费用	2 863	2 670
其他流动负债	5 208	5 889
流动负债合计	269 883	277 663
非流动负债		
长期借款	167	—

（续）

	上年度 （20×1年3月31日）	本年度 （20×2年3月31日）
租赁负债	53 131	69 404
与退休金相关的负债	11 140	12 473
辞退福利预计负债	374	459
长期预收保证金	39 171	36 299
拆除资产的负债	18 775	20 117
其他非流动负债	853	565
非流动负债合计	123 615	139 321
负债合计	393 498	416 984
净资产部分		
股东权益		
资本金	65 847	65 847
资本公积	53 706	53 732
留存利润	136 356	155 475
库存股	△ 1 793	△ 1 751
股东权益合计	254 117	273 303
其他综合收益累计额		
其他有价证券计价差额	88	△ 105
土地价值重估差额	△ 638	△ 638
外币折算差额	1 327	3 509
其他综合收益累计额合计	777	2 764
新股认购权	481	627
少数股东权益	3 690	5 233
净资产合计	259 064	281 929
负债和净资产合计	652 563	698 914

注：带"△"的数字表示负数，余同，不再一一标注。

以上是该公司20×2年3月的合并资产负债表。

合并这一术语是母公司和子公司的B/S合计的意思，详细说明请参照专题学习之"合并报表"。

关于右上角"（单位：百万日元）"的标注。编制财务报表的单位以百万日元或千日元居多。读者今后在制作公司内部用的表格资料时，如果没有特别的要求，对大额数字都建议使用百万日元或千日元的金额单位。当然，如果资料的使用者喜欢以万日元或亿日元为单位，有的企业甚至形成了采用万日元或亿日元的文化，这也没问题。但通常经营者和专业人士都习惯以百万日元或千日元作为数字的金额单位。以万日元、亿日元为单位的数字不便于阅读，所以最好不要作为制表单位（不过只限于表格方面，在正文中采用"10 亿日元"之类的表述是可以的）。若有人对百万日元或千日元为单位的数字不习惯，那么请通过练习养成习惯，10 分钟左右就够了。

3.1.2　资产部分概览

模拟公司的 B/S 采用了先列示资产部分，再列示负债部分的方法。也就是说，B/S 分成了两部分进行列示。在通常的财务报表中，将本来左右划分的 B/S 列示为上下两部分的情况很多。

由表 3-1 可以看到，资产部分分为流动资产和固定资产。

流动资产是指预计在 1 年内回收的资产。回收有两种含义，一种是贷款之类的"现金回收"；另一种是"投资回收"，像工厂设备之类的资产，一般不以出售变现为目的，而是为了经营活动的开展而使用。这种情况下，资产回收是指通过经营活动获利，从而回收投资。这两种"回收"中，如果资产预计在 1 年内回收，那么就属于流动资产。

另外，如后面将要提到的应收账款、应付账款、存货那样，如属于进货→库存→销售→回收循环周期内的资产和负债，那么即使其回收时间超过 1 年，也会作为流动性项目处理。

固定资产是指回收时间预计超过 1 年的资产。会计领域中，1 年以内称为"短期"，超过 1 年称为"长期"。

接下来从流动资产开始说明。

现金和银行存款

现金是指纸币和硬币，银行存款是指存放在银行的款项。超过 1 年的定期存款不作为现金和银行存款列示，而列示为固定资产。

应收账款

应收账款是指在已经将商品卖给客户，或者已经提供了服务，但尚未收到货款的状态，企业有权从客户那里收回的资金。

回收这些资金的权利称为"货币性债权"，这里先介绍一下包括应收账款在内的货币性债权涉及的会计科目。

- 商品销售产生的货币性债权称为"应收账款"。
- 单纯将款项借给他人时的货币性债权称为"贷款与应收款"。
- 商品销售以外的其他交易产生的货币性债权称为"其他应收款"。（例如，出售备品给商家，但货款尚未收到的情况。）
- 根据涉及多个期间的合同，确认属于本期收入而产生的货币性债权称为"应收收益"。（例如，发放有息贷款的情况下，计算到期末为止的利息收入。）

如果是应收账款，那么到约定日期时，企业的银行账户里通常会有款项到账，这就是应收账款的回收。

有时会考虑客户的情况采用票据结算，收款企业会收到填有收款人、金额、支付日期等必要信息的票据，票据上同时标注有"承诺按照约定支付上述金额给贵方或者贵方指定的收款人"。收到票据后，企业可以持票据到银行，将其交给银行职员，提出"收款委托"，之后银行会办理收款事宜，票据到期后，公司的银行账户就会收到款项。

这种情况下，由于"收到"了票据，所以这种债权称为"应收票据"，应收票据是货币性债权的一种，属于资产。

本企业也可以向供应商等开具票据（称为出具票据或发行票据），将票据交给供应商等。在这种情况下，产生的债务称为"应付票据"。应付票据是货币性债务的一种，属于负债。

商品

商品是预计要出售给客户的资产，会计上称为"存货"，口语俗称库存。

顺便说一下，商品由于是制造业企业自己制造的，所以称为"产品"。关于制造业和建筑业的会计科目，可参照专题学习之"制造业和建筑业的会计"。

预付费用

企业签订了某一期间接受服务的合同，"已预先支付了服务费用，但是还没有接受服务"的情况下，作为企业便享有了接受服务的权利，这种"将来接受服务的权利"计入资产，称为"预付费用"，损害保险费和房租属于预付费用的例子。

另外，在涉及像保险合同那样约定在一定期限内接受服务，即定期合同（如 1 年期合同的形式）的情况下，使用"预付费用"科目。但如果不是定期合同，而是某个时点的交易（如接受了咨询公司的企业诊断服务等），那么使用的会计科目是"预付款项"。再进一步，如果是预先支付商品采购费用，大多使用"预付账款"。

"预付费用""预付款项""预付账款"都不是收取现金的权利，因而不属于货币性债权，是接受现金以外的东西和服务的权利，属于资产。

其他应收款和应收收益

这些项目在介绍应收账款时已进行过说明。

递延税款资产

这是接近于预付费用的一种资产。
可参照专题学习之"税务会计"。

坏账准备

企业持有应收账款等货币性债权的资产时，由于对方经营恶化等，预计账款不能回收，此时无法回收的金额称为坏账准备，需要冲减货币性债权的价值。

可参照专题学习之"坏账准备"。

接下来是固定资产。

固定资产分为"有形固定资产""无形固定资产""投资和其他资产"三种类型。

首先说明一下"投资和其他资产"的含义，它是"出于主营业务以外的目的而持有的固定资产"。

"有形固定资产"和"无形固定资产"两者均为从事主营业务而持有。其中"有形固定资产"可以看得见，而"无形固定资产"是看不见的。

下面依次进行说明。

房屋和建筑物

"房屋"容易理解，"建筑物"是什么呢？没有屋顶的是"建筑物"。

"累计折旧"是什么？房屋等的使用年数越多，其价值就越低。因此，被计入 B/S 的该资产的金额不能保持原样，资产的价值应不断减少，这部分减少的价值称为"折旧"。

模拟公司的 B/S 中，房屋等的取得成本与迄今为止累计的折旧金额分开列示，其中迄今为止累计的折旧金额称为"累计折旧"。

可参照专题学习之"折旧"。

运输车辆和工具器具备品

运输车辆指汽车；工具和器具没有必要特别严格地区分，主要指用于工作和作业的工具；备品包括家具等。

土地

"土地"顾名思义就是土地。

租赁资产

签订租赁合同借入的资产，所有权在租赁公司，不属于企业的资产。但有些租赁交易与企业购买具有相同的经济实质，根据这一解释，在资产中列示"租赁资产"。

可参照专题学习之"租赁会计"。

在建工程

企业固定资产在达到预定使用状态前，处于建造过程中，这类资产称为"在建工程"。需要注意的是，在建工程不仅包括房屋，也包括设备等。

此外，在建工程不同于"在产品"，在产品是预计向顾客销售的处在加工过程中的物品（库存），但在建工程所建造的是预计作为固定资产使用的东西。

软件

是指企业使用的软件。"在研软件"的意思是正在开发中的软件。

商誉

如果取得其他公司的股份，取得时支付的对价（通常是货币资金）经常会高于被投资方现有资产与负债的差额，那么这种情况下，额外支付的部分用于购买什么呢？实际上是用于购买公司的未来。会计上将该溢价金额作为"商誉"。

可参照专题学习之"商誉"。

有价证券投资

以投资为目的持有其他公司的股份等，称为"有价证券投资"。

可参照专题学习之"金融商品会计"。

长期应收款

属于借给其他企业的长期性款项。

长期待摊费用

长期待摊费用与预付费用的性质相同，只是其预付的期限要超过一年。

保证金

租借办公场所时，需要交保证金。由于业务交易的需要，向交易对象收取一定数额的保证金。保证金的特点是将来需要退给交易对象。

以上说明涵盖资产部分的主要项目，利用这些知识，基本上可以读懂一般上市公司 B/S 中 90% 以上的资产部分。反过来说，如果出现了不懂的项目，很有可能是该公司特有的业务项目。这时可以查看有价证券报告等其他资料，或直接询问公司有关人员。

下面开始说明负债。

3.1.3　负债部分概览

首先从分类开始说明。

流动负债是指预计 1 年内支付的负债。对于应付账款等与营业交易相关的负债项目，即使支付期限超过 1 年，也会作为流动负债处理。

非流动负债是预计支付时间超过 1 年的负债项目。

以下逐项进行说明。

应付账款

如果采购了商品但是没有支付货款，就会产生支付义务，该负债称为"应付账款"。

如果产生支付供应商资金的义务，该项负债称为"货币性债务"，此处先介绍一下包括应付账款在内的货币性债务涉及的会计科目。

- 商品采购产生的货币性债务称为"应付账款"。
- 单纯由于贷款产生的货币性债务称为"借款"。

- 商品采购以外的其他交易产生的货币性债务称为"其他应付款"。（例如，向供应商购买了备品，但还没有付款的情况。）
- 签订定期合同的情况下，因受益期间已过而产生的货币性债务称为"应付费用"。（例如，存在有息贷款的情况下，计算到期末为止应负担的利息。）

负债与前面介绍过的应收账款、贷款与应收款、其他应收款、应收收益等资产刚好相反。

顺便说一下，与资产中出现的"预付费用"相反的负债项目是"预收收益"。根据定期合同提前收到货款时计入。

另外，与"预付款项""预付账款"相反的是"预收账款"，如果不是定期合同，而是某个时点的交易，并且预先收到货款，那么计入该科目。

"预收收益"和"预收账款"都不是支付现金的义务，因而不属于货币性债务。但因为负有将来用现金以外的更广义的资产（包括服务）偿付的义务，所以属于负债。

短期借款

是指期限在 1 年以内的借款。原本属于长期借款，但经过若干时期后到期日在 1 年以内的，也作为流动负债，列示为"预计 1 年内偿还的长期借款"。

租赁负债

关于该项目，可参照专题学习之"租赁会计"。

其他应付款

在前面介绍应付账款时已进行过说明。

应交税费

属于其他应付款的一种，企业应支付的所得税等，如果在结账日之前没有支付，那么需要作为负债进行列示。

预收款项

是指出于某种目的从别人那里获得的资金，但同时有返还义务，所以属于负债，称为"预收款项"。

预提员工奖励费用

关于支付给员工的奖金，如果打算支付，但金额还没有最终确定，那么需要作为负债进行列示。

可参照专题学习之"准备金"（包括与退休金相关的负债）。

长期借款

是预计在较长时期以后才需要偿还的借款。

与退休金相关的负债、辞退福利预计负债

用于计量支付员工或董事会成员退休金的负债科目。

可参照专题学习之"准备金"（包括与退休金相关的负债）。

长期预收保证金

是指向客户收取的较长时期内的保证金，属于负债。

拆除资产的负债

租赁不动产时，通常要进行装修，退租时需要拆除装修，使其完全恢复原状，因此企业承担着"恢复原状的义务"。因为该义务是租赁合同中预先规定的，所以在装修阶段就已经明确了支付义务，该义务需要作为负债确认。

可参照专题学习之"拆除资产的负债"。

接下来介绍净资产。

3.1.4　净资产部分概览

资本金、资本公积

资本金和资本公积两个项目合起来称为"投入资本"，是"出资产生的资产与负债的差额"。

因出资产生的资产与负债的差额并不都确认为"资本金"，根据法律，结合公司自身的判断，会将差额的全部或一部分确认为"资本金"，未作为资本金确认的部分在法律用语中被称为"资本准备金"。资本准备金是《公司法》中的用语，所以根据《公司法》编制的年度报告也采用这种表述，但基于《金融商品交易法》编制的有价证券报告书中，则采用作为会计用语的"资本公积"（关于《公司法》和《金融商品交易法》，可参照专题学习之"利益相关者和会计制度"）。

留存利润

读过第 1 章的话，应该非常理解这一项目。

库存股

公司有时会在《公司法》的一定约束范围内回购自己的股票，这些股票称为"库存股"，或者称为本公司股票或库藏股票。持有库藏股票便于进行小规模的合并，公司不必通过增资就可以把自己的股票交给被合并公司的股东。

但是，公司取得自己的股票，与所谓的向股东返还投资本来是一样的。向股东返还投资意味着因出资产生的资产与负债的差额会相应减少。因此，库存股在 B/S 中作为所有者权益的抵销项进行列示。

其他综合收益累计额

关于其他综合收益累计额，在第 2 章中概要地提到过。关于其他有价证券计价差额的详细内容，可参照专题学习之"金融商品会计"。关于土地价值重估差额，可参照专题学习之"土地价值重估差额"。关于外币折算差额，可参照专题学习之"外币折算差额"。此外，关于递延套期保值损益，可参照专题学习之"金融商品会计"。

新股认购权

投资者有时会向公司支付一笔资金，取得购买公司股票的权利。从公司角度来看，这会导致资产与负债差额增加。

对公司而言，由于还没有发行股票，所以这部分资金不能包含在投入资本中，但考虑到预计将来会变成资本，因而计入净资产。

少数股东权益

关于少数股东权益，可参照专题学习之"合并报表"。

3.1.5 利润表概览

利润表是列示收入和费用各项目的报表，是使得本期留存利润增加或减少的明细反映。从收入中扣除费用的金额就是当期的利润，从利润表中可以看到实现利润的金额。更进一步，利润表在设计上也下了很大的功夫，将利润分为若干层级，非常便于分析（称为分步利润）。

表 3-2 是模拟公司的合并利润表。

表 3-2　合并利润表

（单位：百万日元）

	上年度 （自 20×0 年 4 月 1 日 至 20×1 年 3 月 31 日）	本年度 （自 20×1 年 4 月 1 日 至 20×2 年 3 月 31 日）
销售收入	548 610	546 136
销售成本	163 065	142 527
销售利润	365 544	403 608
销售费用和一般管理费用		

（续）

	上年度 （自 20×0 年 4 月 1 日 至 20×1 年 3 月 31 日）	本年度 （自 20×1 年 4 月 1 日 至 20×2 年 3 月 31 日）
广告宣传费	18 691	19 959
物品消耗费用	5 335	4 563
董事会成员的报酬	504	651
员工工资和津贴	51 387	49 835
员工奖金	2 532	2 632
预提的递延员工奖励费用	2 863	2 664
退休金费用	2 339	2 467
预提的递延董事会成员退休福利	97	100
法定社会保险费和福利费	7 789	8 038
计提的坏账准备损失	△ 16	△ 128
差旅和交通费用	2 610	2 880
水电费和取暖费	4 270	4 366
各项税金	3 351	3 698
房租	95 191	100 712
维修费	7 686	8 899
物品租借费	6 655	5 057
折旧费	38 300	42 623
商誉摊销	1 189	1 043
其他费用	60 205	66 864
销售费用和一般管理费用合计	310 985	326 933
营业利润	74 559	76 674
营业外收益		
利息收入	851	968
股利收入	181	894
股权投资收益	443	442
其他营业外收益	1 011	1 291
营业外收益合计	2 488	3 596
营业外费用		
利息费用	1 385	1 456

(续)

	上年度 （自20×0年4月1日 至20×1年3月31日）	本年度 （自20×1年4月1日 至20×2年3月31日）
租赁合同解约损失	601	642
其他营业外费用	861	649
营业外费用合计	2 849	2 748
经常性利润	74 198	77 523
特别利润		
固定资产处置收益	0	57
有价证券投资处置收益	163	454
发生的负商誉收益	172	—
已注销债权收回收益	80	—
其他特别利润	11	12
特别利润合计	429	524
特别损失		
固定资产处置损失	1 847	2 980
减值损失	3 297	6 465
其他特别损失	2 415	1 315
特别损失合计	7 560	10 760
税金调整前的净利润	67 066	67 287
所得税、居民税和事业税	28 525	30 116
税金调整额	842	△ 5 780
税金合计	29 368	24 335
净利润	37 697	42 952
少数股东损益	350	222
归属于母公司股东的净利润	37 346	42 729

接下来从上到下逐项说明利润表。

销售收入和销售成本

首先是销售收入。通常情况下，销售商品的企业列示为"销售收入"，服务业企业则大多列示为"营业收入"。已销售商品或服务的成本称为"销售成本"和"营业成本"。

销售利润

从销售收入中减去销售成本，称为"销售利润"。通常情况下，如果是销售商品，那么"销售成本"相当于已销售商品的采购成本。销售收入减去销售成本所得的利润俗称"毛利"。

销售费用和一般管理费用

从事经营活动所需的费用不仅仅包括销售成本，除此之外还包括各种各样的经费，如房租、人工费、水电费和取暖费等，这些费用统称为"销售费用和一般管理费用"，有时也简称"销管费"，具体参见表 3-3。

表　3-3

项目	说明
广告宣传费	通过电视的商业频道或者报纸、杂志等进行宣传的费用
物品消耗费用	文具等各种消耗品的费用
董事会成员的报酬	支付给董事会成员的报酬
员工工资和津贴	支付给员工的工资和津贴
员工奖金	支付给员工的奖金
预提的递延员工奖励费用	支付员工奖金的预计负债，计入费用
退休金费用	参照专题学习之"准备金"（包括与退休金相关的负债）
预提的递延董事会成员退休福利	参照专题学习之"准备金"（包括与退休金相关的负债）
法定社会保险费和福利费	企业负担的员工社会保险费和福利费
计提的坏账准备损失	参照专题学习之"坏账准备"
差旅和交通费用	员工的交通费和差旅费
水电费和取暖费	水费、燃气费和电费等
各项税金	印花税、固定资产税等所得税以外的各项税金
房租	店铺和办公场所的房租
维修费	固定资产修理费
物品租借费	因借入物品而发生的租借费
折旧费	参照专题学习之"折旧"
商誉摊销	参照专题学习之"商誉"

营业利润

从销售利润（或称为"营业总利润"）中减去销管费，即为"营业利润"，一般认为该利润反映"主营业务产生的利润"。

营业外收益和营业外费用

是指虽然不属于主营业务，但每期都会经常发生的收入和费用。

利息收入

是指因收到银行存款等的利息而产生的收益。

股利收入

是指由于收到持有的其他公司股票的股利而产生的收益。

股权投资收益

参照专题学习之"合并报表"。

利息费用

是指由于支付从银行获得借款等的利息而产生的费用。

租赁合同解约损失

与租赁合同解约有关的违约金等费用。

经常性利润

经常性利润是在主营业务产生的营业利润的基础上，加上主营业务以外项目产生的营业外收益，扣除营业外费用计算得出的，一般认为该利润反映企业的"正常盈利能力"。

"经常性"不包括后文将要说明的特别项目，经常性利润是从事经常性活动而获得的利润。

特别利润和特别损失

是指不会在每个期间定期发生，而是特别情况下发生的收入和费用。大多与企业自身特有的业务交易有关，如资产减值、重组业务等。

固定资产处置收益、有价证券投资处置收益

是指通过出售固定资产或有价证券而产生的收益。

发生的负商誉收益

参照专题学习之"商誉"。

已注销债权收回收益

是指以往年度某项债权被判定为坏账，且已经计提坏账损失（减值），在本期实际回收时而产生的收益。

可参照专题学习之"坏账准备"。

固定资产处置损失

是指处置固定资产而产生的损失（费用）。

减值损失

可参照专题学习之"固定资产减值会计"。

税金调整前的净利润

是指扣除税金之前的与企业所得相关的利润。

所得税、居民税和事业税

是指企业本期所实现利润所需缴纳的税金。

税金调整额

可参照专题学习之"税务会计"。

少数股东损益

关于少数股东损益，可参照专题学习之"合并报表"。

净利润

是指最终留在企业的利润。如果不考虑分红等因素的话，净利润就相当于本期留存利润的增加额。

如此看来，利润表会分为若干阶段分别计算销售利润、营业利润、经常性利润、税金调整前的净利润以及本期净利润等（也就是前面所说的分步利润）。这些不同阶段的利润对读者来说，是非常有用的信息。

本书第 4 章将会涉及利用资产负债表和利润表计算经营指标的分析。

3.2 现实版现金流量表的解读

3.2.1 现实版现金流量表概览

接下来开始说明模拟上市公司 20×2 年决算的现金流量表（见表 3-4）。

表 3-4 是模拟公司 20×2 年 3 月的现金流量表。

不少人会觉得现金流量表行数很多，看起来有点儿难，实则不然，一点儿都不难。

现金流量表的编制的确比较麻烦，但非常容易看懂。完全不看本书的其他章节，仅阅读本部分内容就足够，完全不需要具备会计方面的专业知识。小学生当然有些勉强，但中学生以上肯定可以读懂。

表 3-4　合并现金流量表

（单位：百万日元）

	上年度 （自 20×0 年 4 月 1 日至 20×1 年 3 月 31 日）	本年度 （自 20×1 年 4 月 1 日至 20×2 年 3 月 31 日）
经营活动产生的现金流量		
税金调整前的净利润	67 066	67 287
折旧费	49 393	53 897
减值损失	3 297	6 465
利息收入	△ 851	△ 968
利息费用	1 385	1 456
有价证券投资处置损失（△为收益）	△ 163	△ 454
固定资产处置损失	1 847	2 980
与销售收入相关的债权的减少额（△为增加额）	△ 6 506	△ 7 482
存货资产的减少额（△为增加额）	△ 969	△ 237
其他应收款项的减少额（△为增加额）	△ 14 994	△ 8 562
与采购相关的债务的增加额（△为减少额）	△ 1 354	73
其他应付款项的增加额（△为减少额）	9 670	3 272
预收款项的增加额（△为减少额）	14 096	56
预收保证金的增加额（△为减少额）	△ 1 052	△ 2 879
与退休金相关负债的增加额（△为减少额）	1 298	1 333
其他	3 767	6 314
小计	125 928	122 552
收到的利息	844	968
支付的利息	△ 1 378	△ 1 452
支付的所得税等税款	△ 29 515	△ 30 338
经营活动产生的现金流量净额	95 877	91 730
投资活动产生的现金流量		
存入定期存款产生的现金流出	△ 26 899	△ 24 761
收回定期存款产生的现金流入	25 098	29 262
短期贷出项的减少额（△为增加额）	△ 42	△ 4 665
长期贷出款项的减少额（△为增加额）	△ 2 747	△ 2 250
合并范围变更取得子公司股权产生的现金 流入	540	1 950

（续）

	上年度 （自20×0年4月 1日至20×1年 3月31日）	本年度 （自20×1年4月 1日至20×2年 3月31日）
取得关联公司股权产生的现金流出	△ 1 494	△ 4 559
取得有形固定资产产生的现金流出	△ 41 939	△ 39 231
取得无形固定资产产生的现金流出	△ 6 368	△ 6 189
支付长期待摊费用产生的现金流出	△ 3 044	△ 2 671
其他	△ 4 099	△ 822
投资活动产生的现金流量净额	△ 60 997	△ 53 938
筹资活动产生的现金流量		
偿还租赁负债产生的现金流出	△ 15 497	△ 19 670
支付股利的现金流出	△ 21 697	△ 23 610
其他	1 201	△ 1 344
筹资活动产生的现金流量净额	△ 35 992	△ 44 625
与现金及现金等价物相关的外币折算差额	93	2 323
现金及现金等价物的增加额（△为减少额）	△ 1 016	△ 4 509
现金及现金等价物期初余额	82 914	81 897
现金及现金等价物期末余额	81 897	77 387

首先需要关注表中的以下3行内容。

第1个关注点是"经营活动产生的现金流量净额"，找到了吧。

上年度和本年度的金额分别为958.77亿日元和917.3亿日元。

第2个关注点是"投资活动产生的现金流量净额"，找到了吧。

上年度和本年度的金额分别为△ 609.97亿日元和△ 539.38亿日元。

第3个关注点是倒数第5行，叫"筹资活动产生的现金流量净额"，找到了吧。

上年度和本年度的金额分别为△ 359.92亿日元和△ 446.25亿日元。

先说明一下以上3个关注点。

在说明具体的分析方法之前，先解释一下"现金"的含义。

这里所谓的"现金"，包括现金和现金等价物。

现金包括纸币和硬币，以及可用于支付的银行存款，也包括可以立刻提取的银行存款。现金等价物是指可以容易地变现、基本不承担价格变动风险的短期投资，从时间上来说，变现时间大概在 3 个月以内。现金的具体定义由企业经营者决定（本节及之后所指的"现金"包括现金和现金等价物）。

下面回到现金流量表这 3 行内容的说明上来。

"经营活动产生的现金流量净额"包括哪些内容

包括的内容可以从以下两个方面理解：

- 计算营业利润时考虑的项目。
- 投资活动、筹资活动以外的项目。

计算营业利润时考虑的项目包括：销售收入、销售成本、销售费用和一般管理费用。大体的感觉是，很多业务交易都会产生现金流量。

很容易理解吧。将各个项目的金额填进去，现金流量表经营活动的部分就完成了，如图 3-1 所示。

【经营活动】现金流量是"+"还是"-"？	
销售商品收到货款	+
采购商品支付货款	-
支付员工工资	-
支付房租	-

图　3-1

不过，这个部分其实很难编制。原因是尽管根据会计记录计算当期利润很方便，但是上述现金的变动情况很难直接记录（直接记录现金变动情况的方法称为"直接法"）。"本年度员工的工资费用的金额"可以从账簿记录中获得，但是"本年度实际支付给员工现金的金额"则必须采用更麻烦的方法进行汇总，才能正确掌握。报表编制中是不可能对所有项目都这么处理的。

所以，通常采取别的方法。

这种方法整体上来说，是以当期利润的金额为基础，根据现金流量增加或减少的情况对其进行调整的方法（称为"间接法"），图 3-2 是间接法下的分析结果。

【经营活动】现金流量是"＋"还是"－"？	
当期实现的利润为 ×× 日元	＋
应收账款增加	－
应付账款增加	＋
存货增加	－

图　3-2

下面具体解释一下。

对于当期利润的金额，假定企业所有的业务交易发生时，都收取和支付现金，于是当期利润 = 当期现金流量的增加额。

实际上，商品实现销售使利润增加，但是现金回收会在下个月，利润计算与现金增减之间存在时间上的不一致。

假设某家公司全部用现金进行交易，只有一笔交易除外。假定本期利润为 100 万日元。如果都用现金交易，当期现金流量的增加额就是 100 万日元。

假设没有用现金进行的交易是对某位顾客赊销了 20 万日元的商品，应收账款增加了 20 万日元。那么，虽然当期利润是 100 万日元，但持有的现金只增加了 80 万日元。具体结果如下。

当期利润	100 万日元
应收账款增加对现金流量的影响	△ 20 万日元
当期现金流量的增加额	80 万日元

这样一来，当期现金增加（减少）额的计算逻辑是，以当期利润的金额为基础，通过考虑应收账款、应付账款等项目的增减额对现金流量的影响而进行调整。

例如上例中"应收账款增加"的情况。应收账款是"处于即将变为现金之前阶段"的资产，如果这种处于"现金化之前状态"的资产增加，那么持有的现金流量就会减少。

再说应付账款的减少。由于应付账款处于"尚未支付现金"的状态，所以其增加意味着持有的现金流量的增加。

关于后述投资活动和筹资活动以外的项目，调整方法类似，都是考虑其增加或减少使现金流量增加还是减少。

"投资活动产生的现金流量"包括哪些内容

投资活动包括：

- 固定资产的取得和处置。
- 不包含在现金（现金和现金等价物）中的短期投资的取得和处置。

图 3-3 是直接法下的分析结果。

【投资活动】现金流量是"＋"还是"－"？	
兴建工厂	－
购买其他公司的股票	－
处置闲置的土地	＋
增加定期存款	－
取出定期存款	＋

图　3-3

"筹资活动产生的现金流量"包括哪些内容

筹资活动涉及企业的资金调度，包括的内容有：

- 股东出资。
- 从银行等取得借款或偿还借款。
- 向股东支付股利。

筹资活动产生的现金流量也采用直接法分析，结果如图 3-4 所示。

【筹资活动】现金流量是"+"还是"−"？	
接受股东投资	+
取得银行借款	+
偿还银行借款	−
向股东支付股利	−

图　3-4

以下是模拟公司现金流量表中 3 行内容的分析结果，其中金额为本年度的金额。

"经营活动产生的现金流量" 为 917.3 亿日元。

"投资活动产生的现金流量" 为 △ 539.38 亿日元。

"筹资活动产生的现金流量" 为 △ 446.25 亿日元。

笔者始终推荐采用图 3-5 进行分析。

图　3-5

在图 3-5 中，首先把握整体状况。

解释一下各部分的分析方法。

经营活动产生的现金流量的分析方法

经营活动产生的现金流量为正值，可以解释为企业日常的经营活动能够提供现金流量，该模拟公司就是如此。

投资活动产生的现金流量的分析方法

以 1 年作为整体来看，投资活动产生的现金流量是很大的负值。

- 进行新的投资会产生负的现金流量。
- 对现有投资进行处置会产生正的现金流量。

模拟公司 1 年内整体的投资活动产生了数额较大的负现金流量，可以解释为该公司 1 年内积极地进行了新的投资。

相反，如果投资活动产生的现金流量为正值，可以解释为公司通过处置现有资产而获得现金，公司可能面临困境。

筹资活动产生的现金流量的分析方法

筹资活动中，接受股东投资会产生正的现金流量。不过，该筹资方式在创投公司中比较多见，普通的公司很少接受追加投资，也就是所谓的"增资"，而更多地与银行发生借款往来。

- 从银行借款，产生正的现金流量。
- 向银行偿还借款，产生负的现金流量。

1 年中，筹资活动产生的现金流量如果为正值，意味着借款增加了；如果为负值，意味着偿还了借款。

模拟公司全年筹资活动产生的现金流量为负值，可以解释为"经历了偿还借款的一年"。

那么总的来说公司的状况如何？

分析的要点可以列为几点，也可以用一句话来表达。

一句话来说，尽管银行借款持续减少，但由于经营活动可以提供大量的现金流量，因此，可以为将来进行积极投资。

当然，以上结论是"能考虑到的一种可能"，但无论如何，从现金流量表中可以看出经营者在 1 年中做了什么，单就这一点来说，看一百万遍资产负债表和利润表也无法了解。

而现金流量表可以提供此类信息。在具体分析现金流量表时，希望读者能记住以下建议。

①对社长的言论（对记者和对投资者的发言等）的分析和对现金流量表的分析同时进行。可以发现企业是否按照既定目标从事经营活动，或者企业是否存在言行不一致的问题。

②必须与其他企业以及本企业的过去进行比较。通过比较，可以明确数字发生变化的意义，是本期所特有的变化，还是本企业所特有的变化，抑或是整个外部环境所致的变化。

③首先把握整体情况，在此基础上考虑多种情景，结合上述①和②隐含的内容，再逐行仔细地展开分析。如果从部分着手进行分析，那么将一无所获。

3.2.2 几项练习

观察图 3-6～图 3-8，推测一下企业所处的情景。

举例①

图 3-6

解释 1

由于主业不振，经营活动出现赤字，但由于金融机构的支持，可以继续为未来投资。

解释 2

企业属于有前途的创投企业。经营活动出现赤字，但原因是前瞻性地引进人才，或者支付品牌宣传费，投资者在资金方面给予支持，因此面向未来的积极投资得以实现。

解释 3

由于暂时的时运不济，或者面临突发的、暂时的困难，主业经营情况恶化，但复苏只是时间问题。银行能够理解这些暂时性困难，所以投资得以按照计划进行。

如此看来，对同一张现金流量表可以设想多种情景进行解读，因此首先要尽可能多地考虑各种可能性，然后逐步缩小范围，提高分析的精度。

举例②

图　3-7

解释 1

这可能是最糟糕的状态。经营活动出现赤字，金融机构不但不提供新的贷款，反而步步紧逼要求偿还现有贷款。虽然企业通过变卖优质资产，暂时满足了填补赤字和偿还借款的资金需求，但出现现金危机只是时间问题。

以上是解释之一，在一次培训中还曾经听到某公司管理层职员发表过如下见解。

解释 2

"虽然这确实属于严峻的状态，但还不是真正糟糕的。下面的情形才是真正糟糕的状态"。然后这位职员给出了图 3-8。

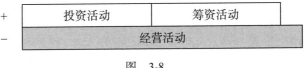

图　3-8

对此有人会说："啊？还能筹集到新的借款。如果还有人愿意借钱给企业的话，说明还没有到真正糟糕的状态。"但得到的答复却是"错了，钱是别的企业出面借的"。原来如此，太恐怖了。

现金流量表不仅简单易懂，而且很有趣，各位也一定赞同笔者的这种观点。

一定要分析各种公司的现金流量表，想象可以考虑的多种情形，再利用外围信息缩小范围，进行更高精度的分析。

3.3 "专题学习"系列

3.3.1 专题学习之"利益相关者和会计制度"

核心内容是什么

此处围绕企业的利益相关者、年度报告的必要性以及作为年度报告规则的会计制度的要点进行解释。

企业的利益相关者

今天的企业要面对很多利益相关者。

最基本的利益相关者是向公司提供资金的人（或企业）。

资金提供者大致分为两类。一类是作为出资者的股东，包括可能出资的潜在投资者；另一类是为企业提供借款的银行等债权人。

股东期待能够通过公司未来的成长而获取利润，并且能够获得股利分红。同时，股东也期待公司股票的价值能够提升，以便将来出售股票时能够获得高于其成本的差价。从这个意义上来说，股东和投资者关心的主要是公司的盈利能力，也就是公司的盈利性和成长性。

债权人则主要关心其贷款的本金和利息是否可以稳妥回收。对债权人来说，虽然公司的盈利性和成长性也很重要，但通常比这更重要的是公司偿还借款的能力，也就是公司的安全性。

除此之外，公司还有各种各样的利益相关者，与大企业有某种关系的利益相关者尤其多，包括员工、客户、政府部门和当地居民等。更进一步讲，当今时代人们关注气候变化的影响和地球资源的有限性，所以广义上整个社会都应该看作各家企业的利益相关者。

向这些利益相关者报告和披露公司的经营状况是非常重要的。

受托责任

有一种说法叫受托责任（accountability），在第 1 章中有过详细说明，如果不清楚什么是受托责任，建议返回再次研读。

在日语中，accountability 虽然也被翻译成"说明责任"或"报告责任"，但今天大多译为"受托责任"。

这里简单回顾一下，所谓的受托责任，前提是存在"委托"某项工作的行为，为了让委托方能够满意和放心，无论有没有特别的要求，受委托方都要就其工作态度和工作内容主动地报告和说明（作为理所当然的责任）。核心在于，存在"委托"与"被委托"的关系，受委托方为了能让委托方满意和放心，承担合理地说明其承担的工作的责任，要点在于能够说明其承担的工作的责任，并且在承担该工作的过程中具有"主动性"。

将受托责任运用于公司的话，股东和经营者（董事会）之间明显存在着这种受托责任。经营者接受股东的委托从事经营。其结果是，经营者对股东承担说明责任，当然就要报告公司的经营状况。提供年度报告便成为会计的出发点。

这样考虑的话，编制年度报告并提供给股东，并非因为公共规则的要求。即使没有公共规则，经营者也要主动地披露年度报告，这才是会计本来的特征。

那么，是否就不需要公共规则了？

公共规则存在的意义在于，如果没有公共规则，每个企业都会采取不同的方法提供会计资料，结果导致报表使用者陷入混乱，而制定公共规则就可以避免该问题出现。此外，如果每个企业都必须费力开发自己的报告体系，那么从整个社会来看，会增加大量重复性工作，所以制定公共规则在成本效率方面来说更有效。

当今社会中，企业的利益相关者不限于股东，涉及如前所述的很多方面。更进一步来说，说明责任涉及的范围不仅包括企业的周边地区、前述气候变化和地球资源有限性引起的可持续性的讨论等，还包括整个社会（关于 ISSB 公布的信息披露标准，后面将会涉及）。作为社会分工，企业接受社会的委托，从事某种经营活动。特别是上市公司，在社会上存在感很强，影响很大，因此存在着各种各样的公共规则规范其行为。

制度会计

所谓制度会计，就是按照公共规则进行会计报告。

如果着眼于法律对这些公共规则进行说明的话，公共规则大致分为以下两类。

一类是以所有企业为对象的《公司法》。企业在编制和披露年度报告时，需要遵守《公司法》的规定和《公司核算规则》的详细规定。

另一类是以上市公司等为对象的《金融商品交易法》。上市公司编制并公开披露财务报表时，需要遵守该法律以及《财务报表等规则》和《合并财务报表规则》的详细规定。这些法律通常要求企业通过编制"有价证券报告书"的方式，进行更详细的披露，并先将"有价证券报告书"报告给内阁总理大臣（实际上会由金融厅长官授权给各地方的财务局）后，再向一般社会公众披露。其目的在于保护一般投资者，同时从内容上扩大披露范围。

除上述两类公共规则外，还有以《企业所得税税法》为代表的税法规定。税法虽然未规定如何进行会计处理和披露，而只规定税金金额的计算，但是对公司来说是应该遵守的公共规则，与《公司法》《金融商品交易法》一样具有重要的意义。

3.3.2 专题学习之"收入确认准则"

核心内容是什么

此处要谈谈收入和费用。

首先要说个大话题。

从 2021 年 4 月开始，日本实施了新的会计准则《与收入确认相关的会计准则》(以下称为"收入确认准则")。此处先对这个准则的内容进行说明。

关于何时计入收入（会计上称为确认），无论是日本还是其他国家，至今为止都采用针对不同行业制定不同规则的做法。但为了从会计理论上形成前后一致并且覆盖所有行业的统一规则，日本和其他国家都出台了新的准则。

从内容上来说，不同国家的收入准则基本上相同。收入确认的对象通常都包括经营活动中与客户的交易产生的收入，而不包括经营活动以外的与金融商品和租赁等相关的其他收入。由于对现实中的一般企业来说，主要的交易就发生在与客户进行的经营活动中，所以收入确认准则可以说是非常重要的。

收入确认的基本理念是，在整合资产和负债定义的基础上确认收入。

如前文所述，资产是指企业实际拥有（控制）的具有价值的资源，而负债是指企业必须用资产进行偿还的义务。

所谓商品销售，是指对商品这一资产的"控制权"从卖方转移到买方。伴随该控制权转移，买方需要支付一定的对价，依据"收入确认准则"对收入进行的确认就是为了如实地反映这一对价。

另外，提供服务也一样。服务虽然是无形的，肉眼看不到，但也可以视为瞬间"接受服务的权利"的资产，同时瞬间又被消耗了。以下关于"收入确认准则"的说明中所提到的"商品"，只要没有特别限制，就包含服务。此外，"收入确认准则"中采用"财产或服务"的表述。

下面分别用日常会话用语和会计准则用语来说明"收入确认准则"，如表 3-5 所示。

表 3-5　收入确认准则

日常会话用语			会计准则用语	要点
和客户的洽谈顺利通过			1. 识别合同	确定是否满足合同的 5 项要求 如果是，则按此标准确认收入
达成交易的内容	卖了什么		2. 识别履约义务	销售＝资产控制权转移＝商品交付＝履约义务 如果有多个商品（服务）交付，那么区分各自的履约义务
	多少钱	总计金额	3. 确定交易价格	商品交易合计能得到多少对价
		各自金额	4. 将交易价格分配给各履约义务	如果有多个履约义务，根据各商品单独销售时的价格比，将对价金额分配给各履约义务
	交货期		5. 履行履约义务	履行履约义务＝转移商品资产的控制权 分为时点的情况和期间的情况

老板和年轻店员的谈话

这是发生在一家小商店的谈话。

店里最近招的年轻店员从客人那里高兴地回来了。

店员："老板，和 ×× 商社的生意谈成了！"

店主："谈成的意思是，约定都谈好了？""卖了什么？""多少钱？""交货期是什么时候？"

店员礼貌地进行了回答。

店主："我知道了。做得很好，很厉害。"

假定发生了类似这样的对话。

实际上，"收入确认准则"的内容与老板谈到的内容完全相同。

- 约定都谈好了？
- 卖了什么？
- 多少钱？
- 交货期是什么时候？

如果向顾客销售商品，首先需要明确这 4 点。

这 4 点也决定了会计处理。

依次进行如下说明。

"约定都谈好了？"

商业交易上的约定，首先得在法律上有效，必须受法律的约束，称为"合同"。

合同不一定采用书面文件的形式。如果有协议的话，没有书面文件也是很好的合同。或者如果有行业的商业惯例，也可以不逐一确认每项交易行为，直接视为合同成立。

此处销售商品的场合下所指的"约定都谈好了"，除了法律上必须是有效合同外，还要进一步满足以下 5 项要求：

- 彼此同意协议内容，约定履约义务。

- 明确作为销售对象的商品（或服务）。
- 明确支付条件。
- 属于产生资金往来的交易。
- 预计可以回收货款。

如果合同满足这 5 项要求，就可以适用"收入确认准则"。

判断交易是否满足这 5 项条件，是否可以视为合同，在"收入确认准则"中称为"识别合同"。

另外，即使签订了多个合同，但如果是和同一个合同方在同一时期签订的合同，实际上也可以看作一个合同（称为合同的合并）。

如果判断本企业交易适用"收入确认准则"，那么首先要进行的就是"识别合同"。

"卖了什么？"

如上所述，商品销售是指商品这一资产的控制权从卖方转移到买方。伴随该控制权转移，买方需要支付一定的对价，依据"收入确认准则"对收入进行的确认就是为了如实地反映这一对价。

考虑一下销售 100 万日元汽车的情况。假设销售条款中附有 3 年期免费维修保养服务。用普通的眼光来看，会认为"卖了 100 万日元的汽车"，实现了一笔销售交易。

但是仔细一想，销售的商品应该是"汽车"和"维修保养服务"。"维修保养服务"作为一种独立的商品，单独实现了销售。通常，即使没有免费服务，买方也可能买车。从卖方的角度来看，可以单独交车。此类情况意味着，应该区分汽车和维修保养服务这两种不同的商品。

- 买方可以单独使用该商品，享受商品带来的好处。
- 卖方可以单独交货。

这种可以区分于其他商品的商品，用"收入确认准则"的话来说，称为"不同的商品或服务"。

作为控制权转移对象的商品，只要可以区分，就应该区分。

为什么要区分呢？重复一遍，收入确认是为了反映随着控制权转移产生的对价，这是基本的考虑。不同的商品，其控制权转移的情况也不同，所以要进行区分。

汽车的控制权转移表现为在某一时点交付汽车这一商品，而维修保养服务的控制权转移则将持续 3 年。因此，交付汽车和进行 3 年期的维修保养可以说是不同的"交付行为"。为交付必须做的事是合同中约定的。

卖方承担本合同规定的控制权转移的义务（交付义务）称为"履约义务"。履行履约义务后，商品这一资产的控制权转移给买方。转移可能是在某个时点完成的，也可能经过一段时间才能完成。

"卖了什么？"

"交付什么？"

"为交付而必须做哪些事（履行义务）？"

这 3 种说法都是一样的。

因此，老板的"卖了什么"的提问，意味着明确"履约义务是什么"。如果包含多个履约义务，那么更应明确各自的控制权何时转移。在"收入确认准则"中，将这种履约义务的区分称为"识别履约义务"。

"多少钱？"

这是指商品的价格，称为交易价格。

把商品转移给顾客，与此同时得到的对价的金额，就是交易价格。顺便说一下，像消费税等代理第三方（这种情况下为政府）回收的现金，不包括在交易价格中。

那么，在交付多个商品的情况下，有必要考虑各自的交易价格分别是多少。在这种情况下，商品的交易价格不是单纯地由标价决定的，而要根据各商品单独出售时的价格，分配总的交易价格，这称为"将交易价格分配给各履约义务"。

另外，有可能会出现各种例外情况，如价格发生变动的情况，或者支付现金以外对价的情况，抑或混杂相当于贷款利息部分的情况等，对于这些情况的处理，"收入确认准则"都进行了规定。

"交货期是什么时候?"

如果谈论一般的商品交易,会涉及"交货期是什么时候"。交货期是指交付商品的时间,这个时间的选择大致有两种类型。

第一种是一次性交付的情况。

在这种情况下,卖方在交付的时点履行其交付义务(称为"完成交付")。交付时点需要严密考虑,不是简单的"什么时候把货给你",而是"什么时候发生控制权转移"。说到"交货期",也许给人的印象就是交付商品的时间,但"控制权转移的时间"不能一概简单地决定。

在讨论是否发生了"控制权转移"时,应该考虑如下事项。

- 现在是否已经有权接受交付商品相应的对价?
- 顾客是否拥有商品的法律所有权?
- 商品的实际占有权(事实上的控制权)是否已经交给了顾客?
- 顾客是否承担了拥有商品所带来的风险,并获得了回报?
- 顾客是否"验收"了商品?

第二种是在一定期间内交付商品的情况。

如果符合以下某一种情形,对商品这一资产的控制权转移就发生在一定期间内,视为在一定期间内履行交付义务,收入也会在一定期间内确认(下面的资产指的是控制权转移给客户的商品)。

(1)在卖方履行义务的同时,顾客享受资产带来的好处(顾客在收到商品的同时进行了消费等)。

(2)卖方履行义务后,产生了资产(增加),顾客可以控制该资产(顾客占有了正在建设中的建筑物等)。

(3)同时满足以下两种情况(上述(1)(2)条难以判断时适用)。

①卖方履行义务时,产生了不能用于其他目的的资产(意思是产生了不能销售给其他顾客的商品)。

②对于已经履行的义务,卖方获得了接受对价的权利(意味着解约的时候,可以要求获得已完成工作部分的对价)。

此外，在一定期间内履行履约义务的情况下，有必要进行完工进度的估计。这需要依据产出（取得的成果、经过的时间、生产的数量、完成的程度等），或投入（消耗的资源、投入的工作时间、投入的成本等），选择能更真实地反映进度的方法。

3.3.3 专题学习之"费用的确认"

核心内容是什么

这里要谈一下费用在什么时候进行确认的问题（在会计界，将计入的处理称为"确认"）。

另外，关于收入，可以参照"收入确认准则"的说明。

费用在什么时候进行确认呢？

具体的会计处理

讨论什么时候计入费用时，可以将费用分为两种。

一种是"销售成本"，该项费用与销售收入同时确认，称为收入和费用的对应。

另一种是销售成本以外的费用，在"消费"物品和服务时确认费用。例如，3月的电费在4月支付，但由于实际消费发生在3月，因而应作为3月的费用来处理。

3.3.4 专题学习之"坏账准备"

核心内容是什么

假设A公司借给B公司1亿日元还没有回收。

在此期间B公司的经营状况恶化，据A公司估计，1亿日元中有3 000

万日元无法回收。

在这种情况下，A 公司将对 B 公司的贷款与应收款的价值从 1 亿日元减少到 7 000 万日元。

减少部分的金额（这种情况下是 –3 000 万日元）称为"坏账准备"。

也就是说，在贷款与应收款等预计不能回收时，不能回收的金额部分会导致贷款与应收款等价值的减少。

具体的会计处理

贷款与应收款这一资产的价值减少了 3 000 万日元。

其他资产和负债没有变化。

因此，资产和负债的差额减少了 3 000 万日元。

这属于留存利润的减少，费用项目的名称为"坏账损失"。

根据会计分录的编制方法，结果如下。

借）坏账损失　3 000 万日元　／　贷）贷款与应收款　3 000 万日元

这样做没错，但是一般会采用稍微不同的会计分录，这里需要注意。

具体说明一下，实际上判断贷款与应收款价值减少的情况有两种。

①虽然不能确定完全没有回收的希望，但判断是这样的。

②确定完全没有回收的希望（根据法律破产程序等进行确定）。

首先从①开始说明。一般来说，对方经营状况恶化都从①的状态开始，进一步恶化就会达到②的状态。

上述①的情况下，会计上进行账簿记录，不是从一开始就直接减少贷款与应收款这一科目的金额，而是在保持贷款与应收款科目金额不变的前提下，另外设置科目记录减少的金额，这个科目就是"坏账准备"。

再说说这种情况下，B/S 上的列示方法。

关于 B/S 上的列示方法，首先可以直接扣减 3 000 万日元，如下所示。

贷款与应收款　7 000 万日元

也可以分别列示贷款与应收款原本的金额 1 亿日元，以及减少的部分 3 000 万日元，分两行同时反映原有金额和价值减少的金额，如下所示。

贷款与应收款　10 000 万日元

坏账准备　△ 3 000 万日元

企业可以选择以上两种列示方法（不过，直接减额列示的话，减额的 3 000 万日元需要用报表附注进行说明）。

综上所述，实际上，在计提坏账准备时，会计分录中通常不是直接在贷款与应收款的右边记录减少，而是利用"坏账准备"这个科目编制会计分录。在这种情况下，可以将"坏账准备"理解为反映计价的账户，专门用来记录贷款与应收款的金额减少，真正的意思是"贷款与应收款的减值部分"。

借）坏账损失　3 000 万日元　/　贷）坏账准备　3 000 万日元

以上是计提坏账准备的会计分录。

"坏账准备"概括起来是这样的！

业务交易举例（以下的金额单位为千日元）

假设对 A 公司的贷款与应收款为 100 000。

决算日（12 月 31 日）计提坏账准备。预计对 A 公司贷款与应收款的 30% 不能回收。

提示

贷款与应收款的价值会减少 30%，也就是说从 100 000 减少到 70 000。

基本口诀

①资产和负债如何变化？

⇒ 贷款与应收款这一资产减少了 30 000。

②资产与负债的差额如何变化？

⇒ 差额减少了 30 000。⇒ 这是留存利润的减少。⇒ 属于费用。⇒ 费用项目为"坏账损失"。

会计分录

| 借）坏账损失 | 30 000 | / | 贷）坏账准备 | 30 000 |

B/S、P/L 的变动

< 前 >

B/S				P/L			
贷款与应收款	100 000						
		其他负债	50 000				
其他资产	20 000	资本金	10 000	其他费用	30 000	其他收入	80 000
		留存利润	60 000	本期净利润	50 000		
资产合计	120 000		120 000		80 000		80 000

< 后 >

B/S				P/L			
贷款与应收款	100 000			坏账损失	30 000		
坏账准备	△ 30 000	其他负债	50 000				
其他资产	20 000	资本金	10 000	其他费用	30 000	其他收入	80 000
		留存利润	30 000	本期净利润	20 000		
资产合计	90 000		90 000		80 000		80 000

贷款与应收款减少了 30 000。　　　　　　　坏账损失增加了 30 000。
留存利润减少了 30 000。　　　　　　　　　本期净利润减少了 30 000。

　　针对坏账准备的计提，实务中有各种不同的术语，如"提取坏账准备""积累坏账准备"等。这并不意味着真的要积累一笔资金，只是意味着"由于贷款与应收款的价值减少，因此将减计贷款的价值"（减计的金额表示为坏账准备）。

　　另外，坏账准备的计提对象不仅仅是贷款与应收款，应收账款和应收票据等所有货币性债权都可能成为计提的对象。这里所说的货币性债权，是指从他人那里回收资金的权利。

　　下面说明②确定不能回收的情况。

　　"提取坏账准备"有时也用"计提坏账损失"来表达。这意味着不仅在估计贷款与应收款回收的可能性时需要进行减值处理，对方企业进入破产法律程序等更严重的情况出现时，同样需要进行减值处理。

出现这种情况时，不用通过坏账准备，直接编制减少贷款与应收款的会计分录即可，结果如下。

借）坏账损失　3 000 万日元　/　贷）贷款与应收款　3 000 万日元

另外，贷款与应收款作为不能回收的坏账进行处理后，将来如果实现了回收，那么应确认为"已注销债权重新收回特别收益"。顺便说一下，计提坏账准备后款项收回，或者不再需要坏账准备时，应当减少坏账准备的金额，同时作为收益确认"坏账准备返回收益"。

3.3.5　专题学习之"折旧"

核心内容是什么

A 公司用 100 万日元买了一辆工作用汽车。

预计使用 5 年。

购买汽车以后，其取得成本 100 万日元计入资产。该资产的价值是否可以永远计为 100 万日元不变呢？随着汽车的使用和时间的流逝，汽车的价值在减少。

A 公司预计汽车使用 5 年，在这种情况下，汽车的价值有必要在 5 年内减少，经过 5 年后，汽车的价值减少为 0。

固定资产（土地除外）具有在取得后价值随使用和时间流逝而减少的特点。固定资产价值的减少称为折旧，比如 100 万日元的汽车价值减少到 80 万日元、60 万日元、40 万日元。

这种相当于汽车寿命的期间（这里是 5 年）称为使用年限，一般由 A 公司经营者估计决定。实务中，所得税税法中列出了"使用年限表"，很多日本企业以此为参考。

如果折旧年限为 5 年，那么 5 年结束时如果判断还有一定价值，该价值称为残值。在日本企业中，现在很多情况下，固定资产的残值几乎都估计为 0（准确地说，为便于保存，在备忘录中记录为 1 日元）。

以刚才汽车的例子来说，取得汽车花费的金额 100 万日元称为取得成本，使用年限假设为 5 年。折旧方法采用直线法，残值为 0。在这种情况下，每年的折旧金额为 100 万日元 ÷5 年 =20 万日元。因此，在购买 1 年后，由于已经计提了折旧 20 万日元，汽车的价值将变为 100 万日元 −20 万日元 =80 万日元，这 80 万日元称为当时的账面价值。

另外，关于折旧的方法，除了随时间流逝而减少一定金额的方法（直线法）外，还有乘以一定比率来计算减少金额的方法（称为定率法）等。煤炭开采机械等的价值减少与使用程度相关，所以根据各期使用量计算价值减少额（称为工作量法）。

具体的会计处理

假设汽车价值最初以 100 万日元计入。

使用年限 5 年，采用直线法。

另外，假设将汽车划分为 "车辆和搬运工具"。

考虑取得 1 年后汽车的价值。

汽车这一资产的价值减少了 20 万日元。

其他资产和负债项目没有变化。

因此，资产与负债的差额减少了 20 万日元。

这属于留存利润的减少，费用项目的名称为 "折旧费"。

会计分录编制如下。

借）折旧费　20 万日元　/　贷）车辆和搬运工具　20 万日元

但是这里需要注意的是，一般会采用稍微不同的会计分录。

具体说明一下，实际上这与计算折旧后 B/S 的列示方法有关。

在 B/S 上列示时，可以采用直接扣减 20 万日元折旧额的方法，如下所示。

> 车辆和搬运工具　80 万日元

也可以分别列示汽车原有金额 100 万日元，以及价值减少金额 20 万日元，分两行同时反映原有金额和价值减少金额，如下所示。

> 车辆和搬运工具　100 万日元
>
> 累计折旧　△ 20 万日元

以上两种列示方法均可采用（不过，直接扣减折旧额列示的话，折旧额 20 万日元需要用报表附注进行说明）。

综上所述，实际上，在计提折旧时，会计分录中通常不是直接在车辆和搬运工具的右边记录减少，而是利用"累计折旧"这个科目编制会计分录。在这种情况下，可以将"累计折旧"理解为反映计价的账户，专门用来记录固定资产的金额减少，真正的意思是"固定资产的减值部分"。

> 借）折旧费　20 万日元　/　贷）累计折旧　20 万日元

以上是计提折旧的会计分录。

"折旧"概括起来是这样的！

业务交易举例（以下的金额单位为千日元）

假设 1 月 1 日购入了价值为 1 000 的车辆。

决算日（12 月 31 日）计提折旧。

采用直线法，使用年限为 5 年，假定残值为 0。

提示

在本期中，车辆减少了 1 年的价值，1 000 ÷ 5 年 = 200。

基本口诀

①资产和负债如何变化？

⇒ 车辆这一资产减少了 200。

②资产与负债的差额如何变化？

⇒ 差额减少了 200。⇒ 这是留存利润的减少。⇒ 属于费用。⇒ 费用项目为 "折旧费"。

会计分录

借）折旧费	200	/	贷）累计折旧	200

B/S、P/L 的变动

＜前＞

B/S				P/L			
车辆	1 000						
		其他负债	11 000				
其他资产	80 000	资本金	10 000	其他费用	30 000	其他收入	50 000
		留存利润	60 000	本期净利润	20 000		
资产合计	81 000		81 000		50 000		50 000

＜后＞

B/S				P/L			
车辆	1 000			折旧费	200		
累计折旧	△ 200	其他负债	11 000				
其他资产	80 000	资本金	10 000	其他费用	30 000	其他收入	50 000
		留存利润	59 800	本期净利润	19 800		
资产合计	80 800		80 800		50 000		50 000

车辆与累计折旧的合计减少了 200。
留存利润减少了 200。

折旧费增加了 200。
本期净利润减少了 200。

3.3.6　专题学习之 "固定资产减值会计"

核心内容是什么

A 制造公司制造某产品（a 产品），1 年前用 10 亿日元购买了生产设备。关于折旧，采用直线法，使用年限为 10 年，预计残值为 0。购买 1 年后，账面价值是 10 亿日元 −1 亿日元 =9 亿日元。

此时，a 产品的销售情况发生了变化。1 年前进行投资时，因为判断销售前景良好，投资回收有足够的保证，于是进行了10亿日元的生产设备投资。但之后市场上出现了竞争对手B公司的新产品b，b产品席卷了整个市场，导致a产品的销售额严重下跌。

如此下去，为制造a产品进行的9亿日元的生产设备投资的回收就会出现变数。

在这种情况下，假设继续使用制造a产品的设备，将来通过销售a产品产生的利润为5 700万日元。同时，假设现在处置该生产设备能回收的估计金额为1亿日元（扣除各种处置费用后）。在这种情况下，将来能回收的最大金额是处置该设备获得的1亿日元。据此，就需要将生产设备的账面价值9亿日元减至1亿日元，这称为减值。

减值是指"在投资不能回收的情况下，将固定资产的金额减至可回收金额"。固定资产自身的性能即使和新的一样，如果不能通过销售回收的话，也应该减到可以回收的金额。与反映固定资产本身价值下降的折旧不同，减值反映"投资回收可能性的下降"。

从2006年3月期的年度报告开始，日本企业都必须实施固定资产减值。顺便说一下，减值与资产的公允价值计量没有关系，其会计处理说到底是在历史成本计价的框架内进行的。

具体的会计处理

减值不仅限于决算日，只要判断有需要减值的情况，就需要在该时点进行减值处理。

关于是否进行减值，应通过实施"减值判断"来确定。

不过，在实施"减值判断"之前，首先要进行"资产的分组"。由于对每一项固定资产都进行"减值判断"会涉及很大的工作量，企业需要事先决定"减值判断"的单元对象。

确定"资产的分组"时，需要考虑企业在从事经营活动时，经营者通常在什么范围内进行回收投资的决策。

例如，某公司拥有多家店铺，一般情况下公司是对每家店铺分别进行测算后决定开店的，开店后公司也是以店铺为单位掌握其获利情况的。这种情况下，每家店铺就分组为一个单元，称为"独立产生现金流的最小单元"。

可以根据以下条件决定分组单元：某家店铺经营顺利与否不受其他店铺的影响（单元组之间不存在互补性），某家店铺能够独立支配其收支（单元组能够持续地把握其收支）等。

进行分组后，按照以下 3 个步骤进行减值判断。

①减值的迹象。

②减值的识别。

③减值的测定。

减值的迹象

顾名思义，此处①减值的迹象是要判断是否存在减值的迹象。

根据是否符合以下 4 种情形之一来判断是否存在减值迹象（见图 3-9 ）。

	内部因素	外部因素
定量因素	2 期以上现金流量 （或营业利润）为负	市场价格显著下降 （比账面价值下跌 50% 以上）
定性因素	使用方法发生了变化 （可回收金额显著降低）	外部环境显著恶化

图　3-9

只要符合以上其中之一，就会被判定为"有减值迹象"。然后进入下一个步骤"减值的识别"。如果没有减值迹象，那么就结束对于该资产组的减值判断。

减值的识别

减值的识别是指进行以下判断。如果使用资产组从事的经营将来为公司带来的现金流量总额低于该资产组的账面价值，就可以判断为"不能全额收回账面价值"，应"识别"为减值。也就是说，减值的识别是决定"减值还是不减值"的步骤。

如果将来的经营现金流量小于账面价值，那么就识别为减值，相反的情况出现时，就识别为不减值。

经营现金流量根据经营计划计算，具体方法为：经营现金流量等于销售收入减去销售成本和销管费。根据资产组中主要资产的剩余使用年限制订经营计划，并据此估算现金流量。

如果识别的结果为需要减值，那么就转到下一个步骤"减值的测定"。如果识别为不减值，那么判断就到此结束。

减值的测定

在"减值的测定"步骤，应决定"计提多少减值损失"。基本理念是"减至可回收金额"。

可回收金额有以下两种。

一种称为"使用价值"，考虑的是"如果继续用于经营，回收金额是多少？"在减值的识别部分，提到了制订经营计划并估算预计回收的经营现金流量。现在需要将这些将来的现金流量折算为现值$^{\ominus}$，该现值即为将来可收回金额的"现在的价值"。

在减值的识别步骤中，没有将金额折算为现值，其理念是"不折现的名义金额合计达不到账面价值，很明显不能全额回收"。

由于此处提到的"测定"涉及具体固定资产金额的减少，所以为了正确得出理论值，进行折现计算是必要的。折现率可以通过评价经营活动的风险确定，或者通过判断固有的折现率设定，也可以使用资本成本（该公司所有者权益和负债的加权平均筹资成本）确定。

另一种可回收金额是"出售净额"，计算方法为从出售所得金额中减去

$\ominus$　现值的解释如下。假设目前的利率为 2%，那么现在的 100 万日元，1 年后是 102 万日元，2 年后是 104.04 万日元。这里就可以说"现在的 100 万日元，2 年后的未来价值为 104.04 万日元"。相反，2 年后的 104.04 万日元，其现值为 100 万日元。计算将来金额的现值称为"折现"。本例中，104.04 万日元 $\times \dfrac{1}{(1.02)^2} = 100$ 万日元。这个 $\dfrac{1}{(1.02)^2}$ 称为折现系数。

出售所需的各项费用。

"减值的测定"就是将账面价值减至使用价值和出售净额中的较高者。

进行减值时，需要按资产组分别实施减值的迹象、减值的识别、减值的测定 3 个步骤。下面举例加以说明。

假设以 10 亿日元取得了生产设备。

假设该设备构成一个资产组。

假定剩余使用年限为 10 年，采用直线法，残值为 0。

取得设备 1 年后，生产设备的账面价值为 9（=10-1）亿日元。

减值的迹象

此处假定由于强有力竞争对手的登场，使用该生产设备经营的外部环境恶化，判定为有减值的迹象。

减值的识别

制订该经营活动的经营计划，估算将来 9 年间的经营现金流量，结果如图 3-10 所示。

（单位：百万日元）

	1 年后	2 年后	3 年后	4 年后	5 年后	6 年后	7 年后	8 年后	9 年后	合计
经营现金流量	10	10	10	10	10	10	10	10	10	90

图　3-10

简单合计 9 年间经营现金流量的话，是 9 000 万日元。

未来现金流量 9 000 万日元小于账面价值 9 亿日元，因此，识别为需要减值。

减值的测定

将账面价值减至使用价值和出售净额中的较高者。

计算图 3-10 中经营现金流量的现值，假定折现率为 10%，结果如

图 3-11 所示。

（单位：百万日元）

	1 年后	2 年后	3 年后	4 年后	5 年后	6 年后	7 年后	8 年后	9 年后	合计
经营现金流量	10	10	10	10	10	10	10	10	10	90
折现系数（假定折现率为 10%）	0.909 1	0.826 4	0.751 3	0.683 0	0.620 9	0.564 5	0.513 2	0.466 5	0.424 1	
折现额	9.091	8.264	7.513	6.830	6.209	5.645	5.132	4.665	4.241	57.59

图　3-11

因此，经营现金流量的现值为 5 759 万日元。

假设出售净额为 1 亿日元。

这种情况下，因为出售净额较高，所以账面价值减到 1 亿日元。

应减值的金额为 9 亿日元 −1 亿日元 = 8 亿日元。

生产设备这一资产的账面价值减少了 8 亿日元。

其他资产和负债没有变化。

因此，资产和负债的差额减少了 8 亿日元。

这属于留存利润的减少，费用项目的名称为"减值损失"。

会计分录编制如下。（单位：百万日元）

借）减值损失　800　/　贷）生产设备　800

"固定资产减值"概括起来是这样的！

业务交易举例（以下的金额单位为百万日元）

假设 1 月 1 日购入了价值为 1 000 的生产设备。

决算日（12 月 31 日）计提折旧，账面价值变为 900。

在决算日（12 月 31 日），经判断需要进行减值处理。

提示

本期生产设备的价值减少了 800。

基本口诀

①资产和负债如何变化?

⇒ 生产设备这一资产减少了 800。

②资产与负债的差额如何变化?

⇒ 差额减少了 800。⇒ 这是留存利润的减少。⇒ 属于费用。⇒ 费用项目为 "减值损失"。

会计分录

| 借) 减值损失 | 800 | / | 贷) 生产设备 | 800 |

B/S、P/L 的变动

＜前＞

B/S				P/L			
生产设备	1 000						
累计折旧	△ 100	其他负债	10 900				
其他资产	80 000	资本金	10 000	其他费用	30 000	其他收入	50 000
		留存利润	60 000	本期净利润	20 000		
资产合计	80 900		80 900		50 000		50 000

＜后＞

B/S				P/L			
生产设备	200			减值损失	800		
累计折旧	△ 100	其他负债	10 900				
其他资产	80 000	资本金	10 000	其他费用	30 000	其他收入	50 000
		留存利润	59 200	本期净利润	19 200		
资产合计	80 100		80 100		50 000		50 000

生产设备减少了 800。	减值损失增加了 800。
留存利润减少了 800。	本期净利润减少了 800。

3.3.7　专题学习之 "租赁会计"

核心内容是什么

假设公司需要 1 亿日元的某种设备。

获得该设备的方法多种多样。

①用 1 亿日元现金购买。

②借入 1 亿日元购买。

③从租赁公司租借设备。

关于方法③，"租入"（rental）和"租赁"（lease）都表示"借东西"，一般来说，两者存在以下区别。

①租入的时间很短，租赁的时间相对较长。

②租入是用户从租赁公司持有物品的库存中选择物品。租赁是租赁公司为用户购买新物品。

③租入可以中途解约，而租赁不可以。

租赁交易中有如下情形。

● 租赁期间几乎覆盖租赁物的全部使用年限，且中途不能解约。
● 支付的租赁费总额与借钱购买租赁物相当。

在这种情况下，虽说是租赁，但实际上与借款购买具有相同的经济实质。借入实物属于租赁，借入资金称为融资，所以此类交易虽然称为租赁，但同时具有融资实质，会计上称为融资租赁。

公司对通过融资租赁借入的资产不具有法律所有权，但通过融资租赁借入的资产由于实际上视同为公司持有的资产，所以会计上会作为公司的资产列示在 B/S 中，称为"租赁资产"。同时，由于中途不能解约，所以已经产生了将来支付租赁费总额的义务，这部分义务应该作为负债进行确认，称为"租赁负债"。

按照目前的规则，符合以下两个条件之一，就可以视为融资租赁。

①租赁期内，中途不能解约的期间应超过使用年限的 75%。

②租赁费总额的现值应不低于租赁物购买价格的 90%。

如果以上两个条件都不符合，就视为经营租赁。这种情况下，不确认租赁资产和租赁负债，而是简单地将支付的租赁费计入费用。

以上是现行会计准则在相关处理方面的规定。

补充说明一下，采用租赁方式借入的资产，在租赁期内满足控制的以下 3 个条件：①承租方可以自由使用，②可以享受使用的好处，③可以排除他人使用。就此而言，可以说融资租赁与经营租赁在理论上是一致的。因此国际会计准则已经修订了租赁会计准则，原则上所有的租赁都要在 B/S 中确认租赁资产和租赁负债。受此影响，日本会计准则的修订工作也在进行中。

具体的会计处理

假设决定通过租赁取得设备。

租赁费总额为 1.2 亿日元，其现值为 1 亿日元。

假设用现金购买的话，需要支付 1 亿日元。

使用年限为 10 年，租赁期为 7 年，中途不能解约。

首先判断是否属于融资租赁。

①租赁期内，中途不能解约的期间没有超过使用年限的 75%。

②租赁费总额的现值不低于租赁物购买价格的 90%。

因为符合上述条件②，所以属于融资租赁。

因此确认租赁资产和租赁负债。

租赁资产这一资产增加了 1 亿日元。

租赁负债这一负债增加了 1 亿日元。

资产和负债的差额没有变化。

借）租赁资产　1 亿日元　/　贷）租赁负债　1 亿日元

顺便说一下，如果租赁费总额的现值不等于租赁物的预计现金购买价格，那么选择其中的较低者确认租赁资产的金额。

另外，租赁资产的价值会随着折旧的计提而减少，租赁负债会随着支付租赁费而减少。

"租赁会计"概括起来是这样的!

业务交易举例（以下的金额单位为百万日元）

假设通过租赁取得设备。

经判断属于融资租赁，租赁资产的价值确认为 100。

提示

在此考虑对租赁资产和租赁负债进行确认的会计分录。

基本口诀

①资产和负债如何变化?

⇒ 租赁资产这一资产增加了 100，租赁负债这一负债增加了 100。

②资产与负债的差额如何变化?

⇒ 差额没有变化。

会计分录

借) 租赁资产	100	/	贷) 租赁负债	100

B/S、P/L 的变动

＜前＞

B/S				P/L			
		其他负债	10 000				
其他资产	80 000	资本金	10 000	其他费用	30 000	其他收入	50 000
		留存利润	60 000	本期净利润	20 000		
资产合计	80 000		80 000		50 000		50 000

＜后＞

B/S				P/L			
租赁资产	100	租赁负债	100				
		其他负债	10 000				
其他资产	80 000	资本金	10 000	其他费用	30 000	其他收入	50 000
		留存利润	60 000	本期净利润	20 000		
资产合计	80 100		80 100		50 000		50 000

租赁资产增加了 100，租赁负债增加了 100。　利润表没有变化。
留存利润没有变化。

3.3.8　专题学习之"拆除资产的负债"

核心内容是什么

关于公司拥有的建筑物和设备等固定资产，法律和合同有时会规定将来拆除该资产的义务。

例如，在借用办公室的情况下，如果企业进行内部装修，那么企业将来有义务把办公室恢复原状，承租合同上会写明退租时企业有义务将房屋架构恢复到原有状态。

或者，法律要求除去固定资产或其所含的有害物质等。例如，如果建筑物中含有石棉，就必须根据法律要求进行必要的去除。

该负债的确认时间不是在将来实际进行资产拆除工程时，而是在资产获得阶段。其理由是根据法律和合同，支付义务已经出现。

同时应确认与此负债相对应的资产，然后将其作为折旧的对象。负债的增加值与将来拆除资产带来的经济负担相当，如同支付现金带来的经济负担一样。与支付的现金一样，增加的负债可视为该资产取得成本的一部分。

具体的会计处理

假设签订承租合同租入了办公用房。

进行了内部装修，花费 5 000 万日元。5 年内用直线法计提折旧（假定残值为 0）。

根据合同的规定，将来退租时需要进行恢复原状的工程，预计花费 1 000 万日元。

办公用房的租期为 5 年。

进行了内部装修。

建筑物附属设备这一资产增加了 5 000 万日元。

现金这一资产减少了 5 000 万日元。

资产和负债的差额没有变化。

借）建筑物附属设备　5 000 万日元　/　贷）现金　5 000 万日元

确认拆除资产的负债。

拆除资产的负债这一负债增加了 1 000 万日元。

建筑物附属设备这一资产增加了 1 000 万日元。

资产和负债的差额没有变化。

借）建筑物附属设备 1 000 万日元 / 贷）拆除资产的负债 1 000 万日元

初次计提折旧。

建筑物附属设备这一资产减少了 1 200(=(5 000+1 000) ÷ 5) 万日元。

其他资产和负债没有变化。

资产和负债的差额减少了 1 200 万日元。

留存利润减少，费用项目为折旧费。

借）折旧费　1 200 万日元　/　贷）建筑物附属设备　1 200 万日元

以上会计分录的贷方科目也可以是建筑物附属设备累计折旧。

另外，确认拆除资产的负债的同时也确认了相应的资产，以上会计分录中折旧费 200 万日元的部分是对该资产计提的。

"拆除资产的负债" 概括起来是这样的！

业务交易举例 (以下的金额单位为百万日元)

假设 1 月 1 日取得了 50 000 的建筑物附属设备。

决算日（12 月 31 日）已经计提了折旧。使用年限为 5 年，残值为 0，采用直线法计提折旧。

假设决算日（12 月 31 日）确认拆除资产的负债 10 000，确认与之相对应的资产 10 000，并计提折旧。

提示

需要编制确认拆除资产的负债 10 000 和追加资产 10 000 的会计分录，以及对追加资产计提折旧部分 2 000 的会计分录。

基本口诀

确认拆除资产的负债和与之相对应的资产

①资产和负债如何变化？

⇒ 拆除资产的负债这一负债增加了 10 000，同时与之相对应的资产增加了 10 000。

②资产与负债的差额如何变化？

⇒ 差额没有变化。

资产的折旧（追加部分）

①资产和负债如何变化？

⇒ 建筑物附属设备这一资产减少了 2 000。

②资产与负债的差额如何变化？

⇒ 差额减少了 2 000。⇒ 这是留存利润的减少。⇒ 是费用。⇒ 费用项目为"折旧费"。

会计分录

借）建筑物附属设备	10 000	/	贷）拆除资产的负债	10 000

折旧费	2 000	/	建筑物附属设备	2 000

B/S、P/L 的变动

<前>						
	B/S				**P/L**	
建筑物附属设备	50 000					
累计折旧	△ 10 000	其他负债	50 000			
其他资产	80 000	资本金	10 000	其他费用	30 000	其他收入　50 000
		留存利润	60 000	本期净利润	20 000	
资产合计	120 000		120 000		50 000	50 000

<后>					
B/S			P/L		
建筑物附属设备 60 000	拆除资产的负债	10 000	折旧费（增加部分） 2 000		
累计折旧 △ 12 000	其他负债	50 000			
其他资产 80 000	资本金	10 000	其他费用 30 000	其他收入 50 000
	留存利润	58 000	本期净利润 18 000	
资产合计 128 000		128 000	50 000	50 000

由于建筑物附属设备增加了 10 000，累计折旧增加了 △ 2 000，使得资产增加了 8 000，同时拆除资产的负债增加了 10 000。留存利润减少了 2 000。

折旧费增加了 2 000。本期净利润减少了 2 000。

以下是两点补充说明。

①严格地说，拆除资产的负债应按贴现后的现值计量，并且每期要增加相当于利息的部分，但此处进行了简化处理。

②恢复办公用房原状的义务，通常不确认为拆除资产的负债，而作为押金保证金（资产）处理，再考虑对其摊销。

3.3.9 专题学习之"金融商品会计"

核心内容是什么

本节的话题是金融商品。

第 2 章提及，金融投资的资产基本上采用公允价值进行计量。所以基本原则是，业务投资的资产按取得成本计量，而金融投资的资产按公允价值计量。建议忘记的读者先回顾一下第 2 章。

接下来进行详细说明。

具体的会计处理

此处首先列举作为说明对象的金融商品，本节重点说明有价证券和衍生品两种。

有价证券

有价证券有作为财产的价值，是表示权利的证券。

代表性的有价证券有股票、国债、公司债券等。

- 股票 ⇒ 表示股东权利的证券 ⇒ 股票持有者称为股东。
- 国债 ⇒ 表示国家借款的证券 ⇒ 国债持有者称为债权人。
- 公司债券 ⇒ 表示公司借款的证券 ⇒ 公司债券持有者称为债权人。

公司持有这些有价证券作为资产时，存在如何确定资产价值的问题。

购买资产时按取得成本计价，之后的每个决算日，有必要进行价值重估。具体要对有价证券进行一定分类，对不同类别的有价证券采用不同的价值重估方法。

有价证券的分类

首先，将有价证券分为 4 类。

①以买卖为目的的有价证券。

②其他有价证券。

③以持有至到期为目的的债券。

④子公司等的股份。

子公司等的股份的说明

说明的顺序首先从④开始。子公司等的股份是指子公司和联营公司的股份。由于这个④是"子公司股份"，因此，其处理不在合并财务报表中体现，而只体现在单体报表中（①、②、③在合并财务报表和单体报表中都有体现）。

基于这一点，在对子公司等的股份进行计价时，采用的是取得成本而不是公允价值。但是，在公允价值显著下跌的情况下，需要考虑减值。下面以以 100 万日元取得的子公司股份为例，说明减值的处理。

假设以 100 万日元取得了子公司股份。

子公司股份这一资产增加了 100 万日元。

现金这一资产减少了 100 万日元。

资产和负债的差额不变。

借）子公司股份　100 万日元　/　贷）现金　100 万日元

假设子公司股份的公允价值跌至 40 万日元。

子公司股份这一资产减少了 60（=100-40）万日元。

其他资产和负债没有变化。

资产和负债的差额减少了 60 万日元。

这属于留存利润的减少，费用的项目名称为"有价证券计价损失"。

借）有价证券计价损失　60 万日元　/　贷）子公司股份　60 万日元

　　如果公允价值下跌的幅度超过了取得成本的 50%，那么除非判断为存在恢复的可能性，否则要求强制进行减值。如果下跌幅度在 30% 和 50% 之间，则根据公司设定的标准判断是否需要减值。

　　以上是针对④的说明，还剩下①、②、③。除④以外，所有的有价证券分成①、②、③三种。

　　以买卖为目的的有价证券的说明

　　下面说明①以买卖为目的的有价证券。尽管是以买卖为目的，但也不意味着有在某个日期出售的打算。有个词叫"交易"，这种以交易为目的而持有的有价证券，就称为以买卖为目的的有价证券。

　　那么交易是什么呢？

　　交易是指着眼于短期市场价格的变动，通过反复买卖来追求利润的行为。

　　交易的前提之一是存在活跃的市场。如果不能形成有价证券的市场价格，缺乏可以反复买卖的交易量，交易就无法进行。另外一个前提是，公司将这种追求利润的行为作为公司业务活动的目标之一。形象地说，公司配备专业的交易员，有专门的交易室，每天都重复进行着"卖出""买进"的业务。

如此看来，具备交易资格的只有大型金融机构、综合商社、能源类大企业等，大多数从事一般商业经营的公司都不具备交易资格。交易对象既可以是股票，也可以是债券。

这种以买卖为目的的有价证券在 B/S 上用公允价值计价。公允价值和账面价值的差额称为计价差额，计入当期损益（作为收入或费用）。该证券随时都能出售，到期末为止公允价值变动产生的损益应视为交易员当期的业绩（即公司的业绩）。

假设支付现金 100 万日元购买了以买卖为目的的有价证券。

有价证券这一资产增加了 100 万日元。

现金这一资产减少了 100 万日元。

资产和负债的差额不变。

会计分录如下所示。

借）有价证券　100 万日元　/　贷）现金　100 万日元

假设决算日该有价证券的公允价值增加为 120 万日元。

有价证券这一资产增加了 20 万日元。

其他资产和负债没有变化。

资产和负债的差额增加了 20 万日元。

这属于留存利润的增加，收益的项目名称为"有价证券计价收益"。

会计分录如下所示。

借）有价证券　20 万日元　/　贷）有价证券计价收益　20 万日元

对于以买卖为目的的有价证券，由于计价损益总是计入损益，所以没有必要进行减值。

以持有至到期为目的的债券的说明

下面说明③以持有至到期为目的的债券。

债券是指前述的国债和公司债券等。从发行主体的角度来说，债券是一种借款，需要归还（也称为偿还），具有到期日。到期后，本金金额将偿还给债券持有人。持有期间通常要定期（如每半年）向债券持有人支付利息。

从债券持有人的角度来看，以持有至到期为目的的债券，意味着公司决定将债券持有至到期日，并决定将此类债券投资单独分类进行管理。

以持有至到期为目的的债券会被持有至债券到期日，所以持有期间不会被出售。即使该有价证券的公允价值发生变动，由于最终会在到期日收回本金，公允价值的变动与持有者基本上没有关系，不需要采用公允价值计价。

假设支付现金 100 万日元购买了以持有至到期为目的的债券。

有价证券这一资产增加了 100 万日元。

现金这一资产减少了 100 万日元。

资产和负债的差额没有变化。

会计分录如下所示。

借）有价证券　100 万日元　/　贷）现金　100 万日元

假设决算日该有价证券的公允价值增加为 120 万日元。

因为此类有价证券不需要采用公允价值计价，所以资产和负债没有任何变动，相应地也不需要编制会计分录。

在公允价值显著下降的情况下，以持有至到期为目的的债券需要考虑减值。

另外，取得成本与将来偿还本金金额的差额，需要在到期日之前的期间内进行摊销，其中，使有价证券账面价值不断增加的是折价摊销，而使有价证券账面价值不断减少的是溢价摊销。伴随有价证券账面价值增减产生的留存利润的增减，记录在收益类科目"有价证券利息"之中。

其他有价证券的说明

最后说明②其他有价证券。

实际上，对从事普通业务的公司来说，持有最多的有价证券投资就是这类"其他有价证券"，这是因为持有子公司以外的**其他公司的股份大多属于这种情况**（以买卖为目的的有价证券除外）。

在 B/S 上，其他有价证券按公允价值计价。不过，对于反映公允价值与账面价值差额的公允价值变动差额，不计入留存利润的增减，因而不计入当期损益（不确认收益或费用）。

这一点在第 2 章"会计上所有者权益的定义"一节有过讨论，详见关于"其他差额"和"其他综合收益累计额"的内容。建议对这些内容印象不深的读者返回去重读一下，然后再回到此处进一步学习。

下面继续此话题，可能和第 2 章存在某些重复，请见谅。

假设支付现金 100 万日元购买了其他有价证券。

有价证券这一资产增加了 100 万日元。

现金这一资产减少了 100 万日元。

资产与负债的差额没有变化。

会计分录如下所示。

借）有价证券　100 万日元　/　贷）现金　100 万日元

以上处理没什么特别的，购买任何有价证券都是一样的。

假设决算日该有价证券的公允价值为 120 万日元。

有价证券这一资产增加了 20 万日元。

其他资产和负债没有变化。

资产与负债的差额增加了 20 万日元。

接下来进行具体解释。

读者可能认为，因为持有的有价证券价值上升了，所以赚了 20 万日元，留存利润增加了 20 万日元。但是按照会计界的说法，这种有价证券不同于以买卖为目的的有价证券，不会马上出售，什么时候出售也不确定，可能会持有相当长时间。这样的话，现在公允价值上升了，但之后说不定还会下降，所以还不应作为"已经赚了"进行处理。可以说"还没有摆脱投资风险",不能说"留存利润增加了"。

如此说来,不采用公允价值计价是不是更好呢?那倒不是。只是需要弄清楚不增加留存利润的原因。

为解决这一问题,此处采用新的归类方法,对于资产与负债的差额,除了"因出资产生的差额"和"因获取利润产生的差额",再增加一类"其他差额"。"其他综合收益累计额"就是其代表性项目,反映因"其他有价证券"采用公允价值计价产生的资产和负债的差额的项目,称为"其他有价证券计价差额"。

会计分录如下所示(此处不考虑税务影响[⊖])。

借)有价证券　20 万日元　/　贷)其他有价证券计价差额　20 万日元

在公允价值显著下降的情况下,其他有价证券需要考虑减值。

这种情况下,公允价值与账面价值的差额不作为"其他有价证券计价差额"处理,而作为"有价证券计价损失"计入费用。也就是说,视为留存利润的减少。

衍生品

下面对金融商品的衍生品进行说明。

衍生品似乎没有准确的定义,日语中将其称为金融派生商品。

接下来谈谈衍生品的相关内容。

首先,衍生品是一种合同,称为衍生品合同。

汇率合约就是一个很好的例子,它是公司和银行之间进行交易的衍生品合同。在签订合同时,通常不会发生现金交易,但是当事人会拥有权利,同时承担义务。

以汇率合约为例,考虑以下约定,从现在开始 1 年后,公司将按 1 美元兑换 105 日元的汇率,从银行购买 100 万美元。

假设 1 年后的实际汇率为 1 美元兑换 100 日元。

⊖　税务影响是指对税金的影响,将在专题学习之"税务会计"中进行说明。

因为公司约定了汇率，所以需要按 1 美元兑换 105 日元的汇率从银行购买 100 万美元，为此需要支付 105×1 000 000=1.05（亿日元）的货币。

公司如果当天卖出收到的 100 万美元外汇，由于当天的汇率是 1 美元兑换 100 日元，所以可以换入 100×1 000 000=1（亿日元）的货币。

从公司的角度来看，由于付出 1.05 亿日元，换入 1 亿日元，所以损失 500 万日元。论盈利或亏损的话，这种情况下公司亏损 500 万日元。

如此说来，衍生品是（本例由于汇率的变动）可能盈利或亏损的，以上列举的是亏损的例子。衍生品合同产生的损益，是在决算日当天的时点，公司产生了 500 万日元的损失（顺便说一下，对银行来说是 500 万日元的盈利）。

衍生品的价值有正有负，如果是盈利，就是正价值；如果是亏损，就是负价值。价值是由某个特定数值的变动（在这个例子中是美元兑换日元的汇率）产生的。当某个数值（在这个例子中是美元兑换日元的汇率）的变动带来衍生品合同价值的增减时，该数值称为基础数值（有时也称为指数）。

应该掌握的要领是，"基础数值发生波动的话，衍生品合同价值也会发生增减变动"。

实际上，即使未到决算日，汇率每天也都在变动。汇率合约也有市场，"约定汇率的行情"每天都在波动。因此，即使结算日还没有到来，汇率合约的价值也会发生波动。可以假想在决算日的时点，本公司的某个汇率合约可能盈利 200 万日元（汇率变动产生收益的情况），或亏损 100 万日元（汇率变动产生损失的情况）。

会计处理方面，会计上要求衍生品产生盈利时，盈利金额确认为"衍生品资产"，衍生品产生亏损时，亏损金额确认为"衍生品负债"。

盈利或亏损的金额可以视为在最初 0 的基础上产生的新价值，也属于账面价值和公允价值的差额，即计价差额的一部分。与以买卖为目的的有价证券相同，衍生品的计价差额要求作为当期损益处理。衍生品交易原则上归类为着眼于短期市场价格变动的交易，这一点也与以买卖为目的的有价证券相同。

以上说明在会计分录中反映如下。

假设企业和银行签订了一项合约，约定 1 年后的结算日按 1 美元兑换 105 日元的汇率购买 100 万美元。

在签订合约的时点，还没有产生盈利或亏损，资产和负债的金额还没有发生变动，也不需要编制会计分录。

半年后，迎来了决算日。假设盈利为 200 万日元。

衍生品资产这一资产增加了 200 万日元。

其他资产和负债没有变化。

资产与负债的差额增加了 200 万日元。

这属于留存利润的增加，收益项目的名称为"衍生品计价收益"。

会计分录如下。

借）衍生品资产　200 万日元　/　贷）衍生品计价收益　200 万日元

这一会计分录反映了衍生品通常的处理方法，称为原则性处理方法。

套期保值会计

上面已经提及的衍生品原则性处理方法包括两个要点：

- 对衍生品合同进行公允价值计价，计入衍生品资产（或负债）。
- 计价差额计入当期损益。

接下来介绍一下称为"套期保值会计"的处理方法。

对很多企业来说，所谓衍生品交易，往往是出于对风险进行套期保值的目的而进行的操作。如何理解呢？

举个例子来说，假设公司从银行以 5% 的固定利率借款 10 年。

本金是 1 亿日元。

为简化起见，假定借款时市场利率也是 5%。

顺便说一下，利息是每年向银行支付。

这样的话，每次的利息支付额为 1 亿日元 × 5%=500 万日元。

假设市场利率之后下降到 3%。

公司借款要负担约定的 5% 的利息，但如果现在借款的话，负担 3% 的利息即可。因此，约定的 5% 的利息就意味着损失了 2% 的利息。结果是，在高利率时借款会产生不利的利息负担，作为费用项目的"利息支付"变多了。

以上是利率下降导致的损失。

该损失称为利率风险。这里，市场利率的下降给公司造成了损失。

先说明一下风险这个术语。

利率下降就会出现损失，利率上升就会获利。这种"出现损失或获利的不确定性"就是风险。此种情况下的风险称为利率风险。

假设公司想回避这种利率风险。

固定利率借款在市场利率下降时出现损失。

如果介意该损失，那么最好引入一种在市场利率下降时能够获利的新型工具。

作为此类新型工具，公司与银行之间进行的"利率掉期"交易就应运而生了。

举个简单的例子解释一下利率掉期的含义。

利率掉期合约当事人之间商定某一金额作为本金（称为假设本金），分别进行如下计算。

假设本金 × 固定利息的利率 = 固定利息金额

假设本金 × 浮动利息的利率 = 浮动利息金额

将以上两者进行交换的合约即为利率掉期合约。

如果是以固定利率借款的公司，那么借款和利率掉期合在一起的考虑如下。

①关于"借款"，向贷款人支付固定利息。

⇒ 之后，如果市场利率下降，就会产生损失（借款承担较高的利率）。

②签订利率掉期合约，向银行支付"浮动利息"，换取"固定利息"。

⇒ 之后，如果市场利率下降，就会产生收益（支付较少的浮动利息，换取较多的固定利息）。

经济效果方面，①和②合在一起后损失和收益相互抵销。

这种为了避免损失，达到"既不损失也不获利"状态的做法，称为"套期保值"。其成功之处在于以以固定利息借款的交易（称为"被套期保值对象"）为对象，将利率掉期作为套期保值手段。

虽然由于企业所处环境的复杂性，对被套期保值对象和套期保值手段的探讨其实很深奥，但以上所述可以作为一个比较容易理解的例子。

利率掉期交易也属于一种具有代表性的衍生品合约。

在利率掉期合约中，一般用固定利息的现金流量同浮动利息的现金流量进行交换。因为要交换，所以称为掉期。

下面再说明一下会计处理。

如果采用原则性处理方法，衍生品获利或损失增加衍生品资产或负债，产生衍生品计价损益。

不过，固定利息的借款不采用公允价值计价，需要采用公允价值计价的通常是部分有价证券和衍生品。这种情况下，虽然市场利率下降会导致损失，但是较高利率的借款产生的这种经济上的损失并不确认为计价损失，只不过在借款期间需要支付数额较多的利息而已。

- 衍生品计价产生的收益计入 P/L。
- 借款计价产生的损失不计入 P/L。

如此一来，公司整体的 P/L 中就只计入了衍生品计价产生的收益，而不能反映公司整体的实际状况。实际状况是衍生品收益与借款损失相互抵销。

因此，为了使利润确认与实际状况相匹配，此时不将衍生品计价收益计入当期损益（即不计入"留存利润"），而采用延期的做法（即计入"其他综合收益累计额"），这就是"套期保值会计"（省略详细内容）。

衍生品资产增加了 100 万日元。

其他没有变化。

这种情况下，资产与负债的差额不是"留存利润增加了 100 万日元"，而是"其他综合收益累计额增加了 100 万日元"。

具体来说，在"其他综合收益累计额"中设"递延套期保值损益"科目。
会计分录如下所示。

借）衍生品资产 100 万日元 / 贷）递延套期保值损益 100 万日元

套期保值会计说到底是特殊的处理，只有当公司能够明确针对具体的风
险进行套期保值，且每笔套期保值交易的内容和有效性等都具有完备的书面
资料时，其运用才能得到认可。

3.3.10 专题学习之"土地价值重估差额"

核心内容是什么

日本近代化以后经济的历史很长，很多公司都拥有大量土地。在这样
的公司里，很久以前以极便宜的价格购买的土地，其价值提高幅度是非常
大的。

按照取得成本计价的会计处理，土地等以购买价格计量。如果没有发生
过减值的话，B/S 中就反映最初的金额，这种一直保留过低金额的做法，导
致土地等在 B/S 中的价值与实际价值相差甚远的情况越来越多。

针对这一点，从政策的角度出发，通过制定法律⊖、在一定条件⊖下对土
地价值重新评估，调整 B/S 中的金额（调增），使其反映实际情况。但是，这
种调增并不视为留存利润的增加，而是以"土地价值重估差额"科目的形式
将其计入净资产。现行的做法是包含在"其他综合收益累计额"中。

⊖ 《土地价值再评估的相关法律》（1998 年 3 月 31 日法律第 34 号，2005 年 7 月 26 日法律第
　87 号修订）。

⊖ 以大公司等特定的公司为对象。《土地价值再评估的相关法律》实施日（1998 年 3 月 31 日）
　起的后 4 年期间内，只允许进行 1 次重新估值。

具体的会计处理

假设土地的取得成本为 100 万日元。

假设土地重新评估的价值为 1 亿日元。

土地这一资产增加了 9 900 万日元。

其他资产和负债没有变化。

资产和负债的差额增加了 9 900 万日元。

对差额的书面说明，不确认留存利润的增加，而作为其他综合收益累计额的增加来处理，其名称为"土地价值重估差额"。（此处忽略税务方面的影响。）

会计分录如下。

借）土地　9 900 万日元　/　贷）土地价值重估差额　9 900 万日元

3.3.11 专题学习之"外币折算差额"

核心内容是什么

境外设立的子公司（称为境外子公司），在与日本国内的母公司进行报表合并时，需要将境外货币换算成日元。

这时，采用如下换算方法。

- 境外子公司的资产和负债，按照决算日的汇率换算。
- 投入资本按出资时的汇率换算。
- 留存利润按各年度的平均汇率换算。

以上结果会导致 B/S 的左右不一致。同时，收入和费用按期间的平均汇率换算。调整左右不一致的账户是"外币折算差额"。

具体的会计处理

下面举例说明。

假设 2 年前设立了某境外子公司，现在需要编制第 2 期的 B/S 和 P/L。假设相关数据如下所示。

- 资产 10 000 美元。
- 负债 4 000 美元。
- 资本金 3 000 美元，留存利润为上年度 1 000 美元，本期 2 000 美元。
- 收入为 50 000 美元。
- 费用为 48 000 美元。
- 利润为 2 000 美元。

另外，假设没有分红和增资。

假定相关汇率如下：

- 决算日汇率为 1 美元 =100 日元。
- 第 2 期的平均汇率为 1 美元 =120 日元。
- 第 1 期出资时的汇率为 1 美元 =80 日元。
- 第 1 期的平均汇率为 1 美元 =90 日元。

根据以上资料，合并财务报表应包括如下数据。

B/S

资产 =10 000 × 100=1 000 000（日元）

负债 =4 000 × 100=400 000（日元）

资本金 =3 000 × 80=240 000（日元）

第 1 期的留存利润 =1 000 × 90=90 000（日元）

本期留存利润的增加额 =2 000 × 120=240 000（日元）

B/S 的具体情况见图 3-12。

境外子公司 B/S			（单位：日元）
资产	1 000 000	负债	400 000
		资本金	240 000
		留存利润（第 1 期）	90 000
		留存利润（本期）	240 000
		？？？	30 000
	1 000 000		1 000 000

图 3-12

P/L

收入 =50 000 × 120=6 000 000（日元）

费用 =48 000 × 120=5 760 000（日元）

利润 =2 000 × 120=240 000（日元）

图 3-12 中的"？？？"反映的就是"外币折算差额"。

由于该项目既不是因出资产生的差额，也不是因获利产生的差额，所以计入"其他综合收益累计额"。

3.3.12 专题学习之"准备金"（包括与退休金相关的负债）

核心内容是什么

不少公司都有内部规定，如果是公司员工，那么将来退休时会得到退休金。

假设目前的在职员工过去已工作了很多年，他们已经有权获得退休金。

在这种情况下，从公司的角度来看，已经承担着未来向这些员工支付退休金的义务，只是实际支付的时期和金额还不确定。

像这样虽然没有确定的时期和金额，但有支付义务时，就会计提准备金作为负债，具体项目名称为"退休准备金"（合并财务报表中称为"与退休金相关的负债"）⊖。

顺便提一下，准备金有产品保证准备金、销售返回准备金、奖励准备金、工程补偿准备金、退休准备金、修缮准备金、特别修缮准备金、债务保证损失准备金、损害补偿损失准备金、董事退休慰问准备金、重组准备金（组织结构改善准备金）等。

另外，已经学过的坏账准备金不符合这个定义。长远来看，"坏账准备金"这一术语可能会消失，原因是坏账准备金不属于负债。目前，准备金被认为是时期和金额未确定的"负债"，但坏账准备金只是"资产价值的减少额"，是为了分别反映债权价值的"原有金额"和"减少部分"而设立的项目。由于在日本的会计思维中，准备金包括了资产计价产生的价值减少，但是根据国际会计准则，准备金专指负债，所以随着今后讨论的进行，日本在将来可能也需要重新审视该术语。

具体的会计处理

假设计提退休准备金 1 亿日元。

退休准备金这一负债增加了 1 亿日元。

其他项目没有变化。资产和负债的差额减少了 1 亿日元。

留存利润减少，费用的名称为"退休金费用"。

借）退休金费用　1 亿日元　／　贷）退休准备金　1 亿日元

"退休准备金"概括起来是这样的！

业务交易举例（以下的金额单位为百万日元）

假设于决算日（12 月 31 日）计提退休准备金 100。

⊖　补充说明一下，合并财务报表上，该项目从 2013 年 4 月 1 日以后的年度末开始变更名称，从"退休金准备"变更为"与退休金相关的负债"。个别财务报表上一直沿用"退休金准备"的名称。

提示

本期为首次计提，为简单起见，假设采用全额计入当期损益的处理方法。

基本口诀

①资产和负债如何变化？

⇒ 退休准备金这一负债增加了100。

②资产和负债的差额如何变化？

⇒ 差额减少了100。⇒ 这是留存利润的减少。⇒ 是费用。⇒ 费用名称为"退休金费用"。

会计分录

借）退休金费用	100	/	贷）退休准备金	100

B/S、P/L 的变动

<前>

B/S				P/L			
		其他负债	10 000				
其他资产	80 000	资本金	10 000	其他费用	30 000	其他收入	50 000
		留存利润	60 000	本期净利润	20 000		
资产合计	80 000		80 000		50 000		50 000

<后>

B/S				P/L			
		退休准备金	100	退休金费用	100		
		其他负债	10 000				
其他资产	80 000	资本金	10 000	其他费用	30 000	其他收入	50 000
		留存利润	59 900	本期净利润	19 900		
资产合计	80 000		80 000		50 000		50 000

退休准备金增加了100。　　　　　　退休金费用增加了100。

留存利润减少了100。　　　　　　　本期净利润减少了100。

3.3.13　专题学习之"税务会计"

核心内容是什么

会计规则和税法规则既有相同的地方，也有不同之处。

两者的目的本来就不同，所以规则不同是理所当然的。会计的目的在于正确报告过去的业绩，为财务报表利用者预测未来提供判断依据，而税法的目的是确保征税的公平。

具体主要有什么不同呢？

首先使用的术语不同。

会计上的费用，在税法中被称为"纳税费用"。

会计上的收入，在税法中被称为"纳税收入"。

会计上的利润，在税法中被称为"纳税所得"。

其次是规则本身不同。规则的不同之处表现在，会计角度与税法角度所确认的资产和负债的内容与金额不同（税法角度是指"遵守了税法的规则"）。

关于资产和负债的差异，有暂时性差异和永久性差异两种情况，前者在以后年度自动消除，属于期间的不一致，而后者则永久不会消除。

其中有必要认识一下暂时性差异。

资产和负债的不同意味着资产和负债的差额也不同。差额的不同（因出资产生的差额相同）导致"留存利润"和"其他综合收益累计额"也不同。

也就是说，会计上"留存利润增加""其他综合收益增加"的时间与税务上"产生所得"的时间不同。这种会计利润和税收所得的时间偏差，会产生（从会计的角度来看）"预付税金"和"未付税金"。

"预付税金"列示为资产的"递延税款资产"项目，意味着未来的税金可以少交。

"未付税金"列示为负债的"递延税款负债"项目，意味着未来需要支付的税金义务。

具体处理如下。

- 会计上和税务上的资产与负债会产生差异（依据的规则不同）。
- 假设上述差异为暂时性差异（⇒ 产生预付税金和未付税金）。
- 列示为"递延税款资产"和"递延税款负债"。
- 资产与负债的差额发生增减。
- 差额的增减为留存利润的增减时，作为收入和费用确认。
- 差额的增减为其他综合收益累计额的增减时，按其他综合收益的增减处理。

关于伴随"递延税款资产"和"递延税款负债"而产生的收入和费用科目，无论是收入还是费用都使用"税金调整额"科目。

此外，若因计入"递延税款资产"和"递延税款负债"使得"其他综合收益累计额"发生增减，其中的明细科目使用"其他有价证券计价差额"等。

具体的会计处理

举个例子加以说明。

假设某公司的决算日为 3 月 31 日。

某年 3 月 31 日，该公司营业部 100 人聚会，在东京租了某家酒店作为会场，边吃午饭边举行来年的誓师会。预计费用总额约为 20 万日元，但由于还没有收到实际的结算账单，所以准确的金额暂时未知。此外，为简单起见，税率设定为 40%。

对于这种决算日金额未确定的负债，会计上采取估计入账的做法，例如在"应付账款"这一负债中计入 20 万日元。但是在所得税税法中，这种未确定债务不允许计入，所以不进行记录。

因此只有在会计上，"应付账款"的这部分负债才计入 20 万日元。而税务上认为没有这笔应付账款。如此便形成了以下情况。

会计上的留存利润比税务所得少 20 万日元。

会计上的当期利润比税务上的当期所得少 20 万日元。

税务上的当期所得比会计上的当期利润多 20 万日元。因此，从会计的角度来看，当期的纳税义务多了 8 万日元（20 万日元 ×40%=8 万日元。另外，下一期间的税金会相应减少）。

从会计的角度来看，这相当于预付税金 8 万日元。

因此"递延税款资产"计入 8 万日元。另外，税金调整额计入 8 万日元。

递延税款资产增加了 8 万日元。

其他资产和负债没有变化。

留存利润增加 8 万日元。收入的名称为"税金调整额"。

借）递延税款资产　8 万日元　/　贷）税金调整额　8 万日元

除这个例子之外，还有各种各样的暂时性差异。

"税务会计"概括起来是这样的！

业务交易举例（以下的金额单位为千日元）

假设在决算日（3 月 31 日）有未确定的债务 200，对此考虑纳税的影响。假定实际税率为 40%。

提示

为简单起见，假设前期不存在暂时性差异。同时假设以后各年度的利润均可充分估计。

基本口诀

①资产和负债如何变化？

⇒ 递延税款资产增加了 80。

②资产和负债的差额如何变化？

⇒ 差额增加了 80。⇒ 这是留存利润的增加。⇒ 是损益。⇒ 损益的项目名称为"税金调整额"。

会计分录

借）递延税款资产　　　80　/　贷）税金调整额　　　80

B/S、P/L 的变动

〈前〉

B/S					P/L			
		其他负债	10 000					
其他资产	80 000	资本金	10 000		其他费用	30 000	其他收入	50 000
		留存利润	60 000		本期净利润	20 000		
资产合计	80 000		80 000			50 000		50 000

〈后〉

B/S					P/L			
递延税款资产	80						税金调整额	80
		其他负债	10 000					
其他资产	80 000	资本金	10 000		其他费用	30 000	其他收入	50 000
		留存利润	60 080		本期净利润	20 080		
资产合计	80 080		80 080			50 080		50 080

递延税款资产增加了80。 税金调整额（收入方）增加了80。

留存利润增加了80。 本期净利润增加了80。

补充说明一下，这里的递延税款资产是意味着未来可以少交税金的资产，所以列示"递延税款资产"，是以以后期间公司获利需要交纳税金为前提的。但是如果预计来年出现赤字，下年度少交税的情况就不会发生。因此，在以后年度公司不盈利的情况下，是否应确认递延税款资产遭到了质疑。实务中，围绕递延税款资产是否可以列示为资产，公司经营者和审计事务所之间的争论也很激烈。

3.3.14　专题学习之"商誉"

核心内容是什么

一家公司可能会取得另一家公司。

具体来说，代表性的取得方法有"合并"（merger）和"收购"（acquisition）等，前者是两家以上公司合为一家，后者则是通过取得其他公司半数以上股份而让对方成为自己的子公司。合并和收购统称为"M&A"。

除此之外，还有一些其他方法。

例如，假设被取得方企业的资产为 50 亿日元，负债为 20 亿日元，差额 30 亿日元是该企业现在的净价值。而资产 50 亿日元的价值可能高于账面价值，如果以公允价值对其计价的话，假设资产价值将达到 60 亿日元。假设为取得这家企业实际支付的对价为 50 亿日元。

从取得方角度来看，得到的是资产 60 亿日元和负债 20 亿日元，支付的对价是 50 亿日元。

这种情况下，10 亿日元（＝支付金额 50 亿日元 −（资产 60 亿日元 − 负债 20 亿日元））应该视为买到了什么呢？可以说是买到了企业未来的预期，这个部分就称为"商誉"，也就是说，买到的 10 亿日元资产列示为"商誉"这一项目。

具体的会计处理

下面以合并为例进行说明，采用收购等方式时，思路基本相同。

A 公司打算吸收合并 B 公司。

B 公司的资产合计为 50 亿日元，其公允价值为 60 亿日元。

B 公司的负债合计为 20 亿日元，其公允价值同样为 20 亿日元。

为了进行合并，A 公司需要发行股票交付给 B 公司的股东，所发行股票的价值为 50 亿日元。A 公司发行 50 亿日元股票交付给 B 公司股东，可以理解为为取得 B 公司而付出的代价。支付的对价不仅仅局限于现金，也可以像本例这样采用发行股票等方式。B 公司的股东现在成为 A 公司的股东，可以视为用 B 公司的财产向 A 公司投资。

这里的"商誉"为 10 亿日元（＝支付金额 50 亿日元 −（资产 60 亿日元 − 负债 20 亿日元））。

需要注意的是取得的 B 公司资产的金额。B 公司账簿中记录的是其按取得成本进行计价的账面价值 50 亿日元。现在 A 公司重新取得时，是通过交付 A 公司 50 亿日元股票的方式，取得了 60 亿日元的资产和 20 亿日元的负债。也就是说，A 公司按取得成本计价，B 公司资产的取得成本为 60 亿日元。此外，负债 20 亿日元的价值没有变化。

在这种情况下，由于 A 公司拥有了原属于 B 公司的资产，所以对 A 公司来说：

资产增加了 60 亿日元。

负债增加了 20 亿日元。

被称为商誉的资产增加了 10 亿日元。

资产和负债的差额增加了 50 亿日元。

因为是发行股票，所以增加部分属于因出资产生的差额，视为资本金的变化，会计分录如下。

借）资产　60 亿日元　/　贷）负债　　20 亿日元

商誉　10 亿日元　/　　　　资本金　50 亿日元

顺便说一下，上述会计分录中的资产和负债是各种科目的合计值，实际编制会计分录时，要使用具体的会计科目，后面的"概括"中显示为"各项资产"和"各项负债"。

A 公司的资产负债表上，各项资产增加了 60 亿日元，同时"商誉"这一资产列示了 10 亿日元，各项负债增加了 20 亿日元，资本金增加了 50 亿日元。这就是合并的会计处理。换成收购或收购之外的其他手段，"商誉"的处理方法也基本相同。

"商誉"概括起来是这样的！

业务交易举例（以下的金额单位为百万日元）

本公司（A 公司）吸收合并 B 公司。

以下是合并时点 B 公司的 B/S。

B 公司 B/S			
各项资产	5 000	各项负债	2 000
		资本金	1 000
		留存利润	2 000
资产合计	5 000		5 000

B 公司的资产 50 亿日元包含价值增值，如果用公允价值对其计价的话，将达到 60 亿日元。

合并时，向 B 公司股东交付的 A 公司股票的公允价值为 50 亿日元。

提示

问题的核心在于编制将 B 公司的资产和负债列示于 A 公司账簿中的会计分录。

基本口诀

①资产和负债如何变化？

⇒ 各项资产增加了 60 亿日元，各项负债增加了 20 亿日元，商誉这一资产增加了 10 亿日元。

②资产和负债的差额如何变化？

⇒ 差额增加了 60 亿日元。⇒ 这是因出资产生的增加。⇒ 记录为"资本金"。

会计分录

借）各项资产	60 亿日元	/	贷）各项负债	20 亿日元

商誉	10 亿日元	/	资本金	50 亿日元

B/S、P/L 的变动

＜前＞						
	B/S				P/L	
各项资产	80 000	各项负债	10 000	各项费用	30 000	各项收入	50 000
		资本金	10 000				
		留存利润	60 000	本期净利润	20 000		
资产合计	80 000		80 000		50 000		50 000

<后>							
B/S						**P/L**	
各项资产（B）	6 000	各项负债（B）	2 000				
商誉	1 000	各项负债	10 000				
各项资产	80 000	资本金	15 000	各项费用	30 000	各项收入	50 000
		留存利润	60 000	本期净利润	20 000		
资产合计	87 000		87 000		50 000		50 000

各项资产增加了 6 000，商誉增加了 1 000，各项 没有变化。

负债增加了 2 000。

资本金增加了 5 000，留存利润没有变化。

日本的会计准则规定，这种"商誉"要在不超过 20 年的期间内有规律地进行摊销，也就是说每年要减少一定的数额。而美国通用会计准则和国际会计准则则没有摊销的规定。除此之外，日本会计准则、美国通用会计准则和国际会计准则都规定，如果判断商誉价值不能回收，那么只对不能回收的金额计提"减值"。

以下是两点补充说明。

①在取得企业时，也可能出现支付的对价低于资产与负债差额的情况。这时产生的"负商誉"不计入负债，而作为留存利润的增加（即"负商誉产生的利得"这一损益项目）处理。因为不符合负债定义中具有支付义务的特性。

②收购的情况下，被收购对象公司作为子公司，相关的会计处理遵循与合并财务报表相关的会计准则的规定。合并意味着两家公司合并为一家公司，与合并报表无关，会计处理遵循与企业合并相关的会计准则的规定。

3.3.15 专题学习之"合并报表"

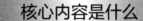

核心内容是什么

有个术语叫企业集团。

企业集团包括母公司和若干子公司。以母公司为顶点，将整个企业集团视为一家公司，编制整个集团的 B/S 和 P/L，是上市公司等要求的做法。这种集团整体（即合并决算）的财务报表称为"合并财务报表"。

具体的会计处理

通过梳理一些术语加以说明。

首先是"子公司"这一术语。所谓子公司，是指母公司实质上控制的公司。控制，是指能够掌控对公司做出重要决策的机构。具体来说，由于股东大会制定公司最重要的决策，因此，通常的焦点在于能否左右股东大会的决议。如果股东大会过半数的表决权由母公司持有，那么母公司往往就会因成为决议的多数派而拥有控制权。但是根据现行的会计规则，即使未拥有过半数的表决权，如果母公司根据重要契约或者通过其他方式，实质性地获得了某个公司的控制权，该公司也被视为子公司，该标准被称为实质控制，是否存在控制，大多取决于经营者的判断（其判断是否妥当，由审计师把握）。

子公司原则上是纳入"合并"范围的，也就是说，子公司的 B/S 和 P/L 会并入合并报表。

此时，关于母子公司之间发生的交易等，由于是在集团内部进行的，所以要按"没有发生过"进行调整。之所以要进行调整，是因为内部交易属于集团自身的内部行为，如果从外部来看的话，跟没有发生是一样的。这种调整称为"抵销"。

例如，无论母公司向子公司销售多少商品，合并财务报表的销售额都不会增加。因为要将整个集团视为一家企业，所以集团内的交易应该视为公司内部部门之间的交易。

举个合并报表的例子。假设子公司的资产为 200 亿日元，负债为 100 亿日元。母公司以 100 亿日元购买该子公司的股票，子公司的股本假设为 100 亿日元。

在编制合并 B/S 时，子公司的资产 200 亿日元和负债 100 亿日元计入合并 B/S，同时抵销对子公司的投资 100 亿日元。

如果以高于子公司资产和负债差额的金额（120 亿日元）取得子公司股份，子公司的资产 200 亿日元和负债 100 亿日元计入合并 B/S，同时抵销对子公司的投资 120 亿日元，确认"商誉"（20 亿日元）。

之后，子公司被纳入合并范围，子公司赚取的留存利润部分，也作为合并报表的留存利润处理。

此外，取得的子公司股份可能并非全部，例如只有 60%。在这种情况下，母公司的 B/S 中作为资产计入的本来是子公司股份的 60%。但是，计入合并报表的子公司的资产和负债却是 100% 的金额，而不会缩小为 60%。在这种情况下，抵销 60% 部分的子公司股份，而合并报表中则计入了子公司 100% 的资产和负债，会导致 40% 部分的前后不一致。被抵销的子公司股份为 60 亿日元，而新增加的资产为 200 亿日元，负债为 100 亿日元。

抵销对子公司的投资 60 亿日元，计入子公司的资产 200 亿日元。资产净增加 140 亿日元。

计入子公司的负债 100 亿日元。负债净增加 100 亿日元。

这样资产和负债的差额增加了 40 亿日元。由于投资该部分股份的不是母公司（控股股东）而是外部股东，所以采用的做法是作为"少数股东权益"计入合并 B/S。

对 P/L 的处理也一样。合并报表中计入子公司 P/L 中项目 100% 的金额，而未缩小到 60%。如此一来，假设当期净利润为 10 亿日元，那么相当于 40% 的 4 亿日元属于外部股东。此时，在合并 P/L 的末尾，列示属于少数股东的当期净利润 4 亿日元。

其次要说明的是"联营企业"这一术语。**联营企业是指受母公司实质影响的公司**。用股东大会的表决权来说，是指相当于持有 20% ～ 50% 的股份比例。不过，此处的 20% 并非必需条件，即使持股比例未达到 20%，如果有实质性影响的事实，也作为联营企业处理。该标准被称为实质影响力，是否存在实质影响力，大多也依赖于判断。

对联营企业的会计处理采用"权益法"。所谓权益法，是指不需要像合并报表那样对 B/S 和 P/L 进行加总。举例来说明具体的处理方法，假设对联营企业的出资比例为 30%，该联营企业本期报告的净利润为 10 亿日元。这种情况下，10 亿日元中，控股比例 30% 对应的 3 亿日元应该属于集团的利润，因此计入集团的利润中，具体如下所示。

对联营企业投资这一资产增加了 3 亿日元。

其他资产和负债没有变化。

资产和负债的差额增加了 3 亿日元。

这是留存利润的增加，损益项目的名称为"权益法下确认的投资收益"，会计分录如下所示。

借）对联营企业投资 3 亿日元 / 贷）权益法下确认的投资收益 3 亿日元

"权益法"概括起来是这样的！

业务交易举例（以下的金额单位为百万日元）

假设对联营企业的出资比例为 30%，该联营企业本期报告的净利润为 1 000。采用权益法确认联营企业投资收益。

提示

假设对该联营企业的原始投资为 1 000。

基本口诀

①资产和负债如何变化？

⇒ 对联营企业投资这一资产增加了 300。

②资产和负债的差额如何变化？

⇒ 差额增加了 300。⇒ 这是留存利润的增加。⇒ 是损益。⇒ 损益的项目名称为"权益法下确认的投资收益"。

会计分录

借）对联营企业投资　300 / 贷）权益法下确认的投资收益　300

```
B/S、P/L 的变动
```

<前>

B/S				P/L			
对联营企业投资	1 000	各项负债	11 000				
各项资产	80 000	资本金	10 000	各项费用	30 000	各项收入	50 000
		留存利润	60 000	本期净利润	20 000		
资产合计	81 000		81 000		50 000		50 000

<后>

B/S				P/L			
对联营企业投资	1 300					权益法下确认的投资收益	300
各项资产	80 000	各项负债	11 000	各项费用	30 000	各项收入	50 000
		资本金	10 000				
		留存利润	60 300	本期净利润	20 300		
资产合计	81 300		81 300		50 300		50 300

对联营企业投资增加了300。
留存利润增加了300。

权益法下确认的投资收益增加了300。
本期净利润增加了300。

"子公司"和"联营企业"统称为"关联企业"。要确保正确地使用这些术语。此外，对子公司投资和对联营企业投资通常统称为"对关联企业投资"。

3.3.16 专题学习之"制造业和建筑业的会计"

核心内容是什么

制造业和建筑业使用独特的科目，本节就主要内容进行说明。

存货

公司持有的库存物品通常称为商品。

所谓商品，是指在已经完成加工并打算出售的情况下，所持有的物品。

在制造业，公司自身制造的物品称为"产品"。

制造产品所使用的原料称为"原材料"，制作过程中的货物称为"在产品"。

在建筑业，尽管建筑商通常拥有正在施工建筑的所有权，但正在施工的建筑相当于制造业中的在产品，所以被称为"未完工工程支出"。

销售额

在建筑业，销售额通常被称为"已完工工程结算额"。在制造业，通常使用"销售额"这一术语。另外，建筑业施工需要数年时间。这种情况下，根据"收入确认准则"，在满足一定条件的前提下，大多采用跨越多个会计期间确认收入的做法，而不是在完成交付的时点确认收入实现。

专栏话题 3　正在发生的时代的变化和可预见的受托责任的未来

下面彻底回顾一下企业经营环境的变化。

关于近几年企业环境的变化，相信置身其中的各位读者都有自己的看法。变化幅度大、速度快、复杂程度高、不易预测，每个人的看法都各不相同。

下面谈谈笔者个人的拙见，以供参考，期待各位读者能对照反思自己的看法。由于关乎广义的"会计"和"信息披露"方式，本书也会涉及此内容。

可以通过几个能让人感受到时代变化的短语，来了解现在正在发生什么。

黑天鹅风险

黑天鹅是指黑色的天鹅或黑鸟。

就像"寻找黑天鹅"这一说法，曾经"黑天鹅"就被用于形容"不存在的事物"，可是由于 1697 年在澳大利亚真的发现了黑天鹅，"不存在的事物"

出现了。纳西姆·尼古拉斯·塔勒布的同名著作也非常有名。

东日本大地震、福岛核电站事故、雷曼事件、俄乌冲突等黑天鹅事件确实数不胜数。

企业开始尝试某些新事物时，在面对困难之际的出手能力变得日益重要，这就是所谓的风险管理能力。其中想象力最为重要，尽管靠想象力应对黑天鹅风险有不小难度，不可能得满分，但这种想象力可以通过良好的训练养成，并且有助于除去日常思考的天花板限制，开阔视野。

如果企业只是继续从事现有事业，那么风险管理能力稍欠缺也无大碍，因为过去的无数痛苦经历已经提供了借鉴。但是，这种生存方式在越来越多的行业和企业中已经行不通了。

挑战新事物时，企业如果抱着"遇到困难再学习"的心态，那么不会有应对能力。虽然不可能做到事先察觉一切，但是在"遭遇困难时再学习"与"遭遇困难前学习"之间取得平衡的方法变得日益重要。这就是企业对风险管理的关注与日俱增的背景。

现在，越来越多的日本企业成功地按照自身的意愿或选择"主动出击的风险管理"，或选择"被动应对的风险管理"，笔者对此也深感认同。不过，依然有一些日本企业抱着旧观念，认为"管理风险的话，商业活动就无法开展"。两类企业对待风险的态度给人两极化的印象。此外，同一企业内部也会有两极化现象，在经营者风险管理意识低下的情况下，风险管理意识强的员工会很辛苦。

从集中管控到分权

话题转向企业以外，有没有听说过第二次世界大战（简称"二战"）后，世界上管控军队的方法发生了很大变化？

大约到二战为止，军方采用的管控模式都是指挥部向前线发指令（命令）进行控制。但是从越南战争开始，情况发生了变化。战争前线的一些状况导致逐个向指挥部请示的话根本就来不及。之后的海湾战争更发生了很大转折，连用英语沟通都难以实现的多国部队，必须采取共同作战行动，如果由总部发命令的话时间上来不及。

因此，改为采用管制模式，通过"委托"方式给现场指挥官下达任务。其特点是在"下达任务"的同时"施加约束"。其中任务用容易刻入内心的简短易懂的语言定义，而所谓约束，是指做的事情必须经指挥部知晓，是执行任务时必须满足的条件。施加约束时，需要充分考虑被管制对象的经验和能力，之后通过采用"伴随被管制对象成长而逐步解除约束"的方法培养人才。如果不建立在接受约束的基础上，那么即便任务完成，也不能被认为是成功的，这种观念非常严格，但容易理解。

以上观念的变化对企业经营界也产生了很大影响。在环境变化呈现复杂化、多样化、快速化、专业化、本土化的过程中，公司总部团队无论多么优秀，都很难及时向全球分支机构发出具体指令。

从规则基础到原则基础

除了从集中管控到分权的转变外，最近还经常听到"从规则基础到原则基础"这个短语，日本政府也采用该短语。

关于这两个词的意思，多数人会以为"规则规定了细节，只列出要点的是原则"，其实不是这样的，规则和原则的区别并非详细程度的不同。

规则就是"指令"，是对"不能做的事"和"必须做的事"发出的具体指令。原则不是指令，而是"委托"时使用的概念。如上所述，在发生巨大环境变化的条件下，为了应对变化并创造附加值，很有必要认真讨论一下适合本企业或本部门的"委托"方式。

习惯"依照规则和手册进行控制"和"凭借力量进行控制"的人，往往容易变成"等待指令者""言听计从者"。"根据原理和原则进行控制"的前提条件是具备"受托责任能力"（详见专栏话题 1 "3 种类型的控制"）。笔者认为，对于很多日本企业来说，现在进行公司内部受托责任的教育非常重要。如果缺乏受托责任能力的培养，只从表面上遵循原理和原则的话，一定会出问题。

SDGs 和 ESG 的趋势及其对企业经营的影响

现在日本小学 1 年级学生都在学校学习 SDGs。对爸爸妈妈来说，SDGs 是最近出现的流行语，但对孩子们来说，这是人格形成初期学到的"理所当然的重要事情"，而孩子们是未来的创造者。

感觉这是个专业感十足的词，电视上也总听到这个词，而且都不加任何注释。

也许没必要说明，SDGs 是"可持续发展目标"（Sustainable Development Goals）的缩写，是 2015 年 9 月联合国大会通过的主题，是人们在考虑地球环境和气候变化等的同时，为实现可持续生活的世界的共同行动目标。由消除贫困、保护环境以及促进公平等 17 个目标和 169 个相关目标组成，预计目标达成的时间为 2030 年。

个人认为，虽然人们对全球变暖和资源有限性等全球性课题的关注确实日益高涨，但从企业经营来看，非常希望这一动向能够成为有利于企业成长的时机。同时，由于机会与风险是并存的，因此置身于这个变化剧烈的时代，也期待企业能够提高风险管理能力。不管怎么说，企业如果只是"勉强跟风"，未必是件好事。从事商业活动应该追求利润，世界都希望如此。既然要做，就不能"只摆出战斗的样子"，而是要"真正实现盈利"，否则企业竞争就失去了意义。

传说宫本武藏是背着太阳战斗的。其优势不仅仅表现在对手必须在刺眼的阳光下战斗，会借力太阳的一方才能获胜，这在论胜负的世界中更具有普遍性。当下时代中的 SDGs，就可以比作太阳。

ESG（Environment，Society and Governance，环境、社会和公司治理）是与 SDGs 并行的大动向，其观点概括如下。

企业是不是没有给外部带来"负面"影响？

企业现在获得利润，如果以损害外部某些利益相关者（或某些活动）为代价，就不能认为其具有持续性。这里的"外部"一般是指包括全球变暖在内的地球环境，但也不仅限于此，应该理解为企业"外"的所有，如人、团体、地区等。所谓"负面"，可以理解为"外部不经济"，这种"外部"称为环境（environment）。

企业是不是没有给供应链内部的其他成员带来"负面"影响？

企业现在获得利润，如果以牺牲整个供应链内部"发挥作用的某个企业"的利益为代价，就不能认为其具有持续性。企业不仅要考虑自身，也要顾及分包商、集团公司，以及其他与企业有业务往来的上游企业和下游企业。更进一步来说，还应当充分考虑这些企业中员工的想法和行为。

在"公司治理"方面，着眼于面向外部的"环境"，同时面向内部的"社会"，这是推动企业在 20 年、30 年这样长期发展中的"正确方向"。

重视以上 3 点的企业经营称为" ESG 经营"。同时，机构投资者对 ESG 经营的企业积极投资，这种投资称为" ESG 投资"。这一动向作为世界性大潮流确实存在。2014 年，在整个欧洲资本市场中，ESG 投资占比超过半数，此后，"ESG 投资"发展成资本市场的"主流"。美国国内法规定，受托运营劳动者年金等的机构，除了算账以外，其他多余的事情都不可以做（意味着即使共同基金也不能涉入，称为"禁止考虑其他事情"），此规定曾遭遇过是否符合 ESG 投资的质疑。

可见，在 ESG 投资的初期，美国是大大落后于欧洲的，但是这几年曾经的质疑已经被消除，ESG 投资大幅增加，2020 年在资本市场的比例已达 33%。在日本，2014 年仅为 3% 左右，但 2020 年上升至 24%，也处于大幅增加中。从全球来看，2020 年 ESG 投资在资本市场的比例约为 36%。日本企业终于也意识到了世界范围内 ESG 投资惊人的增速。另外，根据目前的投资业绩判断，ESG 投资呈现好于非 ESG 投资的倾向，未来最好能做到兼顾长期期待和短期实绩。

笔者在参与面向日本企业的研修时，经常会问"你知道 ESG 投资吗"这个问题。五六年前，30 人中只有一两个人知道。那时候总说"再过 3 年就几乎没有不知道的人了"，现在已经非常接近这一状况了。

那么，为什么 ESG 投资、ESG 经营有如此高的普及率呢？对于全球性课题，企业是否真正进行了转变？

实际上，应该归功于投资专家与联合国想法的不谋而合，前者盘算提高长期的投资业绩，而后者则希望借助民间企业的力量解决全人类的课题。

首先说明近 1/4 世纪全球资本市场变化产生的影响。

一是长期投资者的崛起。年金基金等专业投资者（日本的代表如 GPIF，是管理运营年金基金的独立行政法人）持有的投资余额比例大幅增加。尽管看法存在差异，但的确由 20 年前的个位数百分比增加到了现在的 20% 左右，这种社会结构性的变化无论在日本还是在其他发达国家都同样可以看到。资本市场中年金资产运营余额所占的比例正在不断增加。

二是短期投资者的没落。雷曼事件以来，市场激进主义之类的谈论销声匿迹了。有观点认为，短期投资者的过度行动导致了世界金融的混乱，在以美国《多德 – 弗兰克法案》为代表的管制强化的影响下，感觉短期投资者变得相对老实了许多。

可以说，长期投资者接替了短期投资者，成为资本市场的引擎。

这里要梳理一下短期投资者和长期投资者的区别。由于缺乏一般的明确定义，所以本书进行了如下界定。所谓的短期投资者，是指预先确定投资期限，在投资期限结束（EXIT）之前的运营期间内，以投资收益率最大化为行动宗旨的投资人。多数短期投资者经历的投资，无非是利用计算机软件反复进行买卖，投资期限最长也就 3 ～ 5 年。

所谓长期投资者，是指不做退出（EXIT）决定，在长达 20 年或 30 年的期间内始终持有公司股份的投资人。除我以外，对短期投资者和长期投资者采用同样界定方法的人应该很多。

短期投资者根据什么来选择投资标的呢？有的基金投资者靠计算机软件自动识别股价图的变动来选择投资标的，而有的投资者则依照专业人士的分析来选择投资标的。分析专家利用的代表性材料信息来源，包括有价证券报告书和年度财务报告等过去的定量数据、经营战略和管理层活动报道等定性信息、中长期经营计划等。

与此相对，长期投资者如何选择投资标的呢？一般公司是不会提前 20 年或 30 年制订经营计划的。对遥远的未来，只有愿景而没有具体的数值目标。此外，即使想对 30 年后做出预测，翻阅 30 年前的年度决算报告也会有种异样的感觉。展望遥远未来的理念固然要有，但为实现这一目标的具体战略和战术是不会制定的。20 年或 30 年后管理层的样子根本就无法预料，"说不定他们才刚刚出生"。也就是说，企业分析中迄今为止所使用的**以财务数值为代表的靠得住的工具几乎都不再有利用价值**。

在这种情况下，如果是长期投资者，以什么为基准选择投资标的呢？这就是"ESG"产生的原因。相信重视"E""S""G"这 3 个方面的公司，20 年或 30 年后依然保持发展的可能性更大。长期投资者可以基于这种思想审视和选择目标投资企业。

这样说来，联合国致力于解决全人类课题的需求与长期投资者想要提高投资业绩的需求达成了一致。两种力量合二为一进而强大，**追求理想和追求经济利益实现了融合**。这一点不同于 CSR（Corporate Social Responsibility，企业社会责任）的概念，从 CSR 来看，企业说到底就是志愿者。

还有一点，从背景上来说，发达国家多年来一直面临必须向附加值更高的产业结构转变的课题，这也是 ESG 被发达国家所接受的原因之一。

受 ESG 投资、ESG 经营大趋势的影响，企业已经掀起了通过公开信息披露，向投资者和社会展示其实行 ESG 经营状况的浪潮。

由于年金资产的所有者同时也是劳动者，所以，通过劳动者、劳动者所工作的企业、作为企业所有者的股东、年金基金、作为年金基金所有者的劳动者等纽带，各种各样的利益相关者紧密地结合在了一起。资金通过资产负债表"实现左右两边平衡"的时代，已经发展为"最终与利害关系紧密结合"的时代。

对日本企业的经营者来说，"公司是股东的"这个说辞最近遇到了新的冲击，日本也出现了"××基金"之类的"发声的股东"。今天，"公司是股东的"这一说法听起来就有点陈旧和片面，同时视野也相对狭窄。

受托责任原本是针对股东投资者的，但今天从社会分工的角度来看，是企业接受社会"委托"从事经营活动，同时担负着对社会的"受托责任"。从这个意义上来说，可持续性和披露 ESG 关联信息的要求在全球范围内日益强烈。

对这种社会变化的感受是，越是年轻一代，就越自然地接受新观念，这一点值得深思。"公司是股东的"时代正在向下一个时代蜕变，时而会感到年轻一代对"利润""成长""富裕"等词汇的看法有些许不同。这也应该视为机遇。

这里想介绍一下 ISSB 这个团体发布的新标准的公开草案。

ISSB 发布的与可持续性信息披露和气候变化信息披露相关的公开草案

如前所述，ESG 投资、ESG 经营正在世界范围内推进。全球范围内的企业本来都应该主动地履行受托责任，但是如果靠每个企业边摸索边推进的话，从全社会角度的成本与效率方面来说是不经济的。因此，在以主动履行受托责任为前提的条件下，制定某种原则或指导方针是有效的选择，该想法与会计准则很相似。

令人意外的是，制定会计准则的国际机构发布了与可持续性相关的国际准则征求意见稿。由于本书执笔时，该准则的正式版本还没有发布，所以这里仅就征求意见稿的要点进行介绍。

ISSB 征求意见稿的要点

尽管到现在为止，各种不同的团体提出了建议和标准等，但这里要介绍的 ISSB 征求意见稿还是可以定位为迄今为止的集大成方案。

发布征求意见稿的是 2021 年 11 月设立的 ISSB（International Sustainability Standards Board），称为"国际可持续发展准则理事会"。

该机构是本书中说明的国际会计准则的制定者 IASB（International Accounting Standards Board，国际会计准则理事会）的兄弟机构。

ISSB 和 IASB 同属于 IFRS。（IFRS 为 International Financial Reporting Standards 的缩写。）

2022 年 3 月，ISSB 发布了以下两个征求意见稿，2022 年 7 月 29 日之前征集了意见。在考虑这些意见的基础上，预定在 2023 年正式发布准则。

- IFRS S1 号"可持续相关财务信息披露一般要求"。
- IFRS S2 号"气候相关披露"。

下面要说明的不是准则本身的详细内容，而是用 Q&A 的方式给出了在阅读准则时必须掌握的几个要点。

Q1：需要向哪些对象披露信息？

A：除投资者外，还有融资者和其他债权人。

Q2：信息披露的目的是什么？

A：披露信息以帮助投资者评估企业价值。

Q3：企业价值是什么？

A：请看图 3-13。

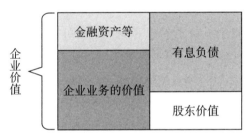

图 3-13　什么是企业价值、股东价值

注：企业价值＝企业业务的价值＋金融资产等
企业业务的价值＝企业业务未来现金流量的现值
股东价值＝企业价值－有息负债

企业价值是金融资产等和企业业务价值的合计。

金融资产等一般按公允价值进行计量，与会计准则相同。

会计准则规定，企业业务的价值按取得成本计量，但在进行企业价值计量时，企业业务的价值按企业业务未来现金流量的现值计量。

股东价值等于企业价值减去有息负债。

股东价值经常被用于在 M&A 时计算股价。

Q4：可持续性怎样体现在企业价值的计量中？

A：体现在企业业务价值的计量中，即影响未来的现金流量。

地球资源的使用方法，与外部利益相关者、社会、员工等维系关系的方法，决定企业未来的利润能否持久（ESG 的考虑方法）。

因此，与资源和关系有关的信息在企业价值计量中是不可缺少的。

Q5：披露什么样的信息，有助于评价资源和关系？

A：梳理并披露对可持续性有重要影响的项目中企业的风险和机会。

Q6：采用怎样的报告制度？

A：还没有专门的准则进行规定，现阶段考虑与财务报告同时披露，整合为财务报告的一部分。

Q7：上述 S1 号、S2 号征求意见稿的主要内容有哪些？

A：已经将征求意见稿的日文翻译版发布在 IFRS 的网站上，请务必参照。

从标题就可以看出，S1 号征求意见稿是与可持续相关的财务信息披露的一般要求，反映了可持续性信息披露的基本方法。

S2 号征求意见稿以"气候相关披露"为标题，该准则认识到气候变化给所有企业都带来重大风险和机遇，同时由于不同行业具有各自的显著特征，因此，征求意见稿也一并发布了不同行业的详细信息披露要求事项。

S1 号征求意见稿和 S2 号征求意见稿都将治理、战略、风险管理、指标与目标等作为主要的信息披露内容。

当然，披露上述信息也不一定就意味着能实现 ESG 经营，最终目的还是与股东、投资者进行建设性对话，携手共进以达到 ESG 目标，从而创造企业价值。为了长期的成长和发展，需要在不断重新审视和纠偏的同时实现企业价值的提高。

第4章

以会计基本原理为基础的经营分析

全球专业人士学习的会计书

运用资产负债法掌握可利用的知识

4.1 开始分析之前的须知事项

接下来的第 4 章解释从 B/S 和 P/L 中可以了解什么，如何进行分析。本书将聚焦于说明特别重要的几点。

在展开具体分析之前，首先要确认以下重要事项。

"经营判断"的基础是"分析"。

要开展所谓的"分析"工作，往往必须同时具备"数字""事实""评价"3 个要素。请看下面的图 4-1。

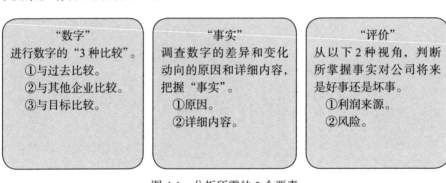

图 4-1　分析所需的 3 个要素

企业有时会分析年度财务报告，或分析企业内部的各种管理资料。究其目的，一定是进行某种"经营判断"，是否应投资某家公司，是增加贷款与应收款还是收回贷款与应收款。如果是对企业自身进行分析的话，往往是为了明确企业目标能否达成，采取哪些措施才能达成目标。经营活动中需要进行许多诸如此类的判断。

此处要强调的是，为了进行有助于经营判断的分析，往往必须同时具备 3 个要素。

如前面的图 4-1 所示，3 个要素包括**"数字""事实"**和**"评价"**。笔者认为，这 3 个要素不限于年度财务报告的分析，还可以作为所有"分析"工作的硬性规则和基本动作。

首先是**"数字"**，即会计数字。会计分为两种类型，一种是本书中所讲的编制 B/S 和 P/L 等财务报告的会计，该分支称为**"财务会计"**，其职责在于编制财务报告，以便向股东和债权人等外部利益相关者提供信息。为了使外部利益相关者能将报告与其他企业进行比较，财务会计规定，编制财务报告时要遵循法定会计准则的要求。

另一种是被称为**"管理会计"**的分支，是为公司内部经营管理提供信息的会计。管理会计涵盖各种各样的事情，包括制订经营计划，编制年度预算，将预算与实际业绩相对比，计算并管理成本，为投资决策进行模拟，等等。由于管理会计的目的是满足企业内部管理的要求，所以没有法定的规则。所有运用管理会计的企业都是因为"自己的企业认为有必要"。

如此看来，无论是财务会计还是管理会计，都强调根据需要将数字作为分析的对象。

在此，笔者想说个现实的话题，在进行分析时，"必须边看数字边说话时，千万别偷懒，一定要充分利用数字"。只有对数字不擅长的人才会偷懒，只有业绩不佳的企业才会偷懒。明明脑子里没有数字，却装作"很明白的样子"而制定重要决策，这种现象笔者见得太多了，我想很多人也会赞同。无论是董事还是年轻人，都不要偷懒，把数字准备好放在手边，在谈论商业活动时多利用数字。这个问题在考虑分析的方法之前就要解决。没法用数字交流的事当然不能勉强，要通过语言进行对话。但能用数字来表示的事，就不要偷懒，养成用数字对话的习惯。

将数字与其他数字相比较，能看出各种各样问题的端倪。如前面的图 4-1 中所示，此处列举"3 种比较"作为基本动作。

第 1 种是**"与过去比较"**。例如，与去年同月相比，或将过去 3 个期间的数字排列起来进行比较。和过去相比什么变好了，什么变差了，首先通过数字来看。"看几期数字好呢？"这要根据情况自己判断。

第 2 种是**"与其他企业比较"**。与竞争对手相比，或者与同行业平均水平相比，从数字上可以看到哪里盈利，哪里亏损。现在是互联网时代，可以看到丰富的行业平均数据和其他企业的财务决算报告。利用 EDINET 网站，可以查看上市公司的"有价证券报告书"。对于非上市公司，可参考利用中小企业厅的数据和 TKC 公司的数据等。

第 3 种是**"与目标比较"**。这是指中长期经营计划或年度预算与实际业绩进行的比较。通过比较，可以发现哪些目标达到了，哪些目标未达到。特别是没有达到目标的情况下，可以查明原因并进行改善。其他公司（如果是上市公司的话）的目标数值在其网络主页上也经常可以查到。

这 3 种比较最好都考虑使用，达到"理所当然要进行比较。不比较的话，理所当然会被质问为什么没进行比较"这样的水平。

进行 3 种比较后，从数字上可以看出各种各样的事情。但这里重要的是"数字不是结论"，充其量只能理解为"数字是这样的"，仅仅用数字就能判断的事几乎没有。

也就是说，为什么会形成这些数字，需要调查一下反映原因和详细内容的"事实"。这就出现了"数字""事实""评价"中的第 2 个因素**"事实"**。如果是公司自己的数字，需要深究对现场了解到什么程度。如果是其他公司，则需要收集数字以外的信息。这样一来，你可以对数字加以说明，也可以反映数字形成的原因，达到无论被问到哪方面都能够说明的状态。

这还不是分析的最终形式。跳过"数字"，掌握"事实"之后，还有第 3 个因素**"评价"**。只有站在公司未来的角度，结合理由对数字是好还是坏表明自己的想法，才可以说真正开始了"分析"。为了判断是好还是坏，必须对该公司业务活动的"利润来源"和"风险"进行判断。

仅举一家高级餐厅的故事作为例子。该餐厅规模大，历史悠久，闻名全国，属于高级餐厅，晚餐每人要花费 15 000 日元到 20 000 日元。因为很受欢迎，该餐厅经常预约爆满。公司餐饮部门的经营一直很稳定，不过公司在某个时期进行了不擅长的理财投资，投资失败，公司整体的经营开始下滑。为了恢复经营的元气，首先进行了资产重组、人员重组、业务整合等，使公司血液实现正常循环，同时也获得了债权人的配合，进行了债务削减和延期偿还等债务重组。

同时，公司彻底改善盈利能力，成本不出意外地出现了降低。有一次，餐饮部门的总经理来访问笔者，他懊悔地说："我们把手放在了不能触碰的地方。"当问及"发生了什么事"时，对方说"食材成本统一削减了 15%"。再继续追问得知，厨房里厨师长以下，包括做点心的糕点师在内，都主动提出了辞职。所有人都认为"用这么点预算不可能做出与我们名声相称的料理，所以不如提早辞职"，相继离开了公司。公司为了应对，据说不得不急聘流动厨师之类的员工，并且不顾及能力地大量录用新人。

餐饮部门月度利润的资料显示，食材成本下降 15% 后的 1～2 个月内，毛利和毛利率都上升了。但是之后过了大约 8 个月，公司陷入了意想不到的状态。昔日可以收费 15 000 日元以上的高级餐厅，如今变成了"3 800 日元自助餐"的店。自助餐也便罢了，如果能让顾客觉得满意，多些回头客的话，也不失为很棒的生意。

但事实并非如此，尽管是只花 3 800 日元的自助餐，店里也经常"冷冷清清"。食材成本降低 15% 的影响，再加上手艺差得跟外行一样的厨师，导致的经营困境是肉眼可见的。餐厅沦落到冷冷清清地步的过程，让人感到"每天都如同在地狱一样"。

多年来一直光顾餐厅的顾客脸上带着从未见过的愤怒表情离去了，其中不乏大声抱怨的人，此类事件每天都在发生。餐厅也试图通过降价追回流失的顾客，但是没有任何效果。优秀的大堂员工因为厌烦而辞职去做难以适应的小时工。不管怎么用传单宣传"那家名店的料理有 3 800 日元的自助餐了"，那家餐厅在当地还是以"味道急剧劣化的店"而尽人皆知，谁都不来光顾这家餐厅了。

这个故事可以套用前面所述的 3 个要素来分析一下。

如果只看"数字"的话，在最初的 1～2 个月里，食材成本下降使得毛利上升时，会得出"盈利能力得到改善，真是太好了"这样的结论。

要是只走到调查"事实"这一步，会认为"削减 15% 的食材成本可以实现成本降低，很不错"。

而能进行最后一步"评价"的人，会怎么样呢？向每位顾客收取 15 000 日元的餐厅，其利润来源原本在于"差异化"。一般来说，一餐花费 15 000 日元很贵，但客人很高兴来店支付很高的费用，这就是"差异化"的体现。

如果分析者知道利润来源是差异化，那么最初的一个月分析"数字"时发现毛利突然增加，便会问发生了什么。进一步调查"事实"，发现原因是食材成本一律削减15%，也许会指出"为什么采取这些措施啊？如果来得及，马上停止！"这才是正确的"分析"。必须同时具备"数字""事实"和"评价"这3个要素，才能算是进行了分析。

4.2 成功的经营与失败的经营

下面来谈谈使用财务决算报告进行分析。由于本书的主题是理解 B/S 和 P/L 的基本原理，所以尽管分析时仅利用财务决算报告中有限的内容，但还是能传达其中的核心理念。

请看图 4-2。

接下来谈谈初步分析。

不过虽说是初步，但也不是简单介绍计算公式，让人敲计算器就能明白，而是按照图 4-2 从本质上进行分析。

首先来看左上角被称为市净率的 PBR。

所谓 PBR，分子是"市值总额"，分母是"净资产"。

上市公司具有股价，市值总额是指"股价 × 发行股票总数"。

也就是说，支付该金额可以买下这家公司，它是投资者或者资本市场通过评价确定的公司价格，所以也称为评价价值。

净资产是指该公司 B/S 中资产与负债的差额，它可以解释为公司财产价值的净额。

先看 PBR 低于"1"的情况，很遗憾，这样的公司在日本有很多，它意味着什么呢？

有人会觉得 PBR 跌破 1 意味着"公司的股价很划算"，这种看法过于乐观了。

请看图 4-2 中的①。

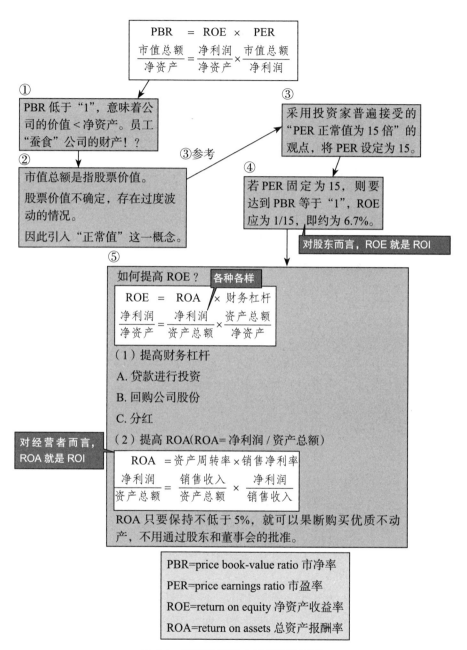

图 4-2　理解盈利能力指标的示意图

PBR 低于 1 是指全体员工、全体董事都正在"蚕食"企业，"光吃饭"。股东希望将全体员工、全体董事"零补偿"辞退，但是员工和董事不会现在选择辞职，短期内会拿工资，之后还要拿退休金，这些因素都会导致公司的财产价值低于现有水平。价值下降的部分降低了当前的股价，这反映出公司经营状况恶化，处于"经营失败"状态，是辜负投资者和股东期待的经营，这样的经营无论对股东还是对国家经济来说都很麻烦。

反过来，PBR 超过 1 的公司怎么样？对此有各种各样的意见，有人认为 PBR 保持在 2.0 比较好，有人则认为 3.0 比较理想，笔者看来，即使是 1.1 或 1.2 也已经非常好了。从投资者和股东的角度来看，PBR 超过 1 意味着"由于公司员工和董事的共同努力，公司的未来会比现在更好。与现在的财产价值相比，公司未来的价值更大"，这是很棒的事情。可以说，这是不辜负投资者和股东期待的"成功的经营"。在公司经营中，"成功的经营"往往是必要的。

请看图 4-2 中的②。

值得说明的是，实际的股价每天都会变动，甚至往往会出于和个别公司无关的原因由而上下波动。如突发的国际纷争等，它与公司经营无关，但会导致公司股价发生变动。企业经营每天都被这些东西包围着，怎么能稳定呢？大多数企业无论采用什么样的业务模式，都至少会站在几年后的长远视角来从事经营。另外，除投资者和股东外，还有各种各样的利益相关者。有人关注多年以后的利润，只重视眼前自身利益的人也很多。从积极意义上来讲，对于这些人也有必要强调"重视经营"。

因此，要引入"正常资本市场"的概念进一步讨论。以正常值为前提进行讨论，对不存在股价的非上市公司也同样适用。

请看图 4-2 中的③。

关注图 4-2 最上方式子右侧的 PER。它表示公司股价相当于本期净利润的倍数，称为市盈率。在日本泡沫经济时期，市盈率达到过 30 倍或 40 倍。

有趣的是，无论是美国的投资界，还是日本的投资界，都在讨论处于正常资本市场的状态下，PER 平均值为多少合适的问题。尽管每个人的意见不同，但多数人认为大概应为 10 倍到 20 倍，平均是 15 倍。这个"PER 为 15 倍"的水平在日本和美国的投资界都如宣传语一样被认可。

顺便说一下，PER 的倒数是"净利润 / 市值总额"，这是以现在的股价为前提购买公司的话，对投资者来说的投资收益率（称为投资后能得到回报的百分数、投资回报率、ROI（return on investment）、投资利润率）。投资回报率（ROI）是指 1 年期投资回报相对于投资金额的比例，ROI= 年利润 / 投资金额。

如果 PER 是 15 倍的话，倒数是 1/15，约为 6.7%。对于股东来说，这个 PER 的倒数可以看成按目前股价购买股票时的投资回报率。

$$PER\ 的倒数 = 净利润 / 市值总额$$
$$= 按目前股价购买股票时的投资回报率$$

根据笔者的个人感觉，与其他不动产投资相比，投资一般业务公司的股票时，6.7% 的预期平均收益率有点儿低。可见股票投资很受欢迎，稍微低一点的 ROI 投资者也接受。

那么，假设图 4-2 中的 PER 固定为 15 倍，相当于将 PER 替换成 15。于是，为了使 PBR 超过 1，ROE 这个指标就要超过 1/15，即超过约 6.7%。

ROE 是指净利润 / 净资产，更严格地讲，也可以使用"归属于母公司的股东权益"取代净资产。所谓归属于母公司的股东权益，是指从净资产金额中扣除少数股东权益等，相当于纯粹的母公司股东权益的金额。下面的讨论就简单地采用净资产的金额。

$$ROE= 净利润 / 净资产$$

对于股东来说，ROE 不是基于股价而是基于账面价值计算的投资回报率，这一点如何理解呢？

简单来说，如果假设股东是一个人，就容易理解了。实际上每个股东的投资回报率都不同，因为购买时股价的高低、所购股票的数量、收到股利的时间和金额、出售股票时的股价及其数量等条件都不一样，所以可以说有多少名股东，就有多少个不同的 ROI。后面的讨论尽管会提到"全体股东的视角"，但不会考虑不同股东的差别，会假定股东是一个人。

公司的所有者是股东。从股东的角度来看，相当于把净资产（财产净额）金额的财产投到公司。净利润是该年度公司财产净额的增加额，同时也是作为所有者的股东的财产的增加额（股东的回报）。因此，可以将 ROE 理解为股东的投资回报率（但不是基于股价而是基于账面价值）。

图 4-2 中提及，为了使 PBR 超过 1，ROE 这个指标要超过 1/15，即超过约 6.7%。当然，这是全行业的平均值，需要考虑企业所从事业务的风险程度，选择适合自身的投资回报水平。

重要的是，如果企业所从事业务的风险程度为平均水平，那么若 ROE 超过 6.7%，经营者就可以挺着胸膛对投资者和股东说"企业在做应该做的事""企业正在从事让投资者和股东满意的经营活动"。这对非上市公司来说也一样，经营者对股东和母公司也可以抱这种态度。

再来说说如何实现投资回报率 6.7%。

不过，由于在此之前提到的 6.7% 始终是平均值，所以有必要讨论一下自己的企业应该高于 6.7%，还是低一点儿也可以接受。要结合本企业业务的风险状况进行讨论，从理论上梳理清楚。

4.3 ROA 和 ROE

这里要谈谈企业的 ROA 和 ROE。

请再次看一下图 4-2。

为了理解 ROA 和 ROE，还是需要先理解 ROI 这个概念。根据前面的分析可知，ROI= 年利润 / 投资金额。

ROI 是进行投资的人最关心的重要指标，主要涉及"投资能赚多少钱"。当然，与之对应的就是"投资有多大风险"。

有种说法叫"高风险高回报""低风险低回报"。高风险的投资如果没有高回报的话，投资者就没有投资意愿，"低风险低回报"的原理也是如此。

日本企业里真正掌握 ROI 概念的员工和干部有多少？

怎么才算真的掌握 ROI 概念呢？

　　假设有人说"我知道 ROI"。如果从是否知道"分子是年利润，分母是投资金额"这一层面来说，即便是中学生也一教就会。实际上，从事业务活动的人说"我知道 ROI"时，意味着"**我是会判断投资的人**"。

　　这种能力的形成靠多年经商经验的积累，以及独具个人特色的"行情意识"，对于经营者来说这是必需的能力。毫不夸张地讲，"**能够评估风险，并具体判断出与该风险相对应的投资收益率水平**"是经营者共通的、终生追求的课题。

　　商业活动就是"获得与风险相匹配的回报"。多数情况下，风险不可能数值化。成功实现风险数值化的仅限于金融机构和质量管理、安全管理等领域。风险无法用数字度量，风险只能用语言来表达。

　　与此相对，"回报"往往可以用数字谈论，例如 ROI。

　　综合考虑用语言表达的风险，判断用数字表示的与风险相匹配的回报为百分之几，这种能力非常必要。

　　如果风险可以数值化的话，那么经营最好交给数学家或者 AI。之所以不会这样，是因为风险不能量化。只有人类的头脑才可能做出综合判断，而具备这种判断能力的人就是经营者或投资者。

　　股东眼中的 ROI 就是 ROE。公司由股东所有，从股东的角度来看，由于公司财产净额意味着在公司投资的金额，所以对股东来说"投资金额"就是公司的财产净额。

　　粗略地说，投资金额可以是"净资产"，但是由于净资产中混杂了"少数股东权益"等不属于母公司股东权益的东西，因此严格来说，由"母公司投入资本"和"归属于母公司的留存利润"合计的"归属于母公司的股东权益"代表投资金额比较理想。分子则使用"归属于母公司的当期净利润"，因为它反映该年度公司财产净额的增加额，可以认为是控股股东的回报。

　　从经营者的角度来看，ROI 就是 ROA。企业 B/S 的左侧反映"资产"。资产不是出于兴趣和爱好，而是根据经营者的意图作为"投资"而购买的。因此，对于经营者来说投资金额就是"资产合计"。

　　关于"利润"，有很多书认为叫"经常性利润"比较合适。经常性利润表示"正常盈利能力",不包含异常性质的利润,从这个意义上来讲,有一定道理。

除此之外,专业投资者和分析师往往使用"**业务利润**"的概念。其金额等于"经常性利润"加上"支付利息"。由于 ROI 本来是基于"如果投资某项资产,该资产将带来多少回报"这一基本观念,为购买资产而调度资金所花费的成本,不同于投资运作的回报。经常性利润扣除了支付利息,所以要将其加回去。

另外,在区分业务部门分析投资回报时,一般使用某个业务部门的"营业利润"。

ROA 跌破 5% 的日本企业不在少数,甚至可以说比较普遍。

其实无论是日本的投资界,还是美国的投资界,都有一个共识,那就是"优良不动产投资的收益率不低于 5%"。拿日本来说,麻布⊖附近的新建公寓等可以作为优良不动产的一个例子。这种情况下,投资收益率大体为 5% 的不动产投资就是好的不动产投资。下面就此进行分析。

假设以出租为目的购买了麻布的一栋新建公寓。购买价格按 10 亿日元计算。从投资者的角度来看,支付 10 亿日元购买的话,手续费就不用支付了。如果有拖欠房租的人,可以委托当地的不动产公司进行催租,风险是非常低的。至于空房风险,如果是一等地段的话,只需稍等几天,或者稍微降点儿房租,房间马上就可以全租出去。

一旦购买,"麻布君"就会一年 365 天,每天 24 小时地工作,每个月都会按时赚到房租。不需要什么员工,更不需要董事。只要最初投资一笔钱,就能安全地自动产生现金流。

这就是" ROI 为 5%"的含义,可将其理解为在不费事和保障安全性的前提下,资产自身产生回报的行情水准。

如果企业的 ROA 只有 2% 或 3%,就要看所从事的业务活动是否比出租麻布公寓更安全,要是更安全的话就没问题。

企业的业务活动本身有一定的风险。纵使员工真的在汗流浃背地努力,

⊖ 麻布位于日本东京港区。——译者注

管理人员正绞尽脑汁地奋斗，董事比谁都认真致力于企业经营，但是 ROA 仍远低于 5%。股东和投资者对此如何看待呢？"这样的生意别再做了，干脆把所有员工和董事都辞掉，去买麻布的公寓算了。那样或许更好。"——这应该是投资者和股东的看法。

虽然很多人会有理解偏差，投资者和股东也从来不会说"得增加销售额"，最多会说"得增加利润"。他们要求的往往是"百分比"，即只要求投资回报的百分比。这是"理所当然"的事，因为投资也是商业活动。

有些上市公司的部长级人士表示："我们部门还算盈利，尽管盈利很少，但是盈利就意味着对公司有贡献。"相信持这种观点的人有很多。

此言差矣。笔者必须明确地指出，这些人完全缺乏"投资回报率"的观念。

"我必须说句不怎么中听的话，你们部门的投资回报率没有达到与业务风险相匹配的水平。对公司来说，没有你们部门更好，你们正在蚕食公司的财产。**你们之所以不明白这一点，是因为不了解会计基础**。很遗憾，像你们这样优秀的管理人员，只是因为不了解会计基础，所以才会有这样的片面理解。这样的管理人员非常多，可以说是大多数。"

大多数日本企业的部长级人士只看"**部门损益**"。

"部门损益资料"大多是"与去年对比型"。他们关注与上年度相比销售额的增加、利润的增加、与前任员工相比的增加，并且也在为这些增加而拼命努力。很多人并没有从数字上把握各部门占用了公司多少资产。

尽管比欧美的管理人员优秀很多，有责任感和高尚的人格，但因为不了解会计基础，所以日本的管理人员做梦也没想过"相对于投资的百分比"这个概念。

不是说美国什么都好，但在那里会有 30 岁取得 MBA 的管理者，最开始从中等规模公司的事业部部长做起，由于具备能力和运气，40 或 50 多岁成为大企业的 CEO。他们在年轻时就进行"投资"，追求"与风险相匹配的回报"的百分比。当然，拥有投资权限和人事权限的背景也是事实，也就是说他们拥有商业经营的经验。

在日本，投资决策由董事会决定，独资公司的话实际上由高层决定。部长是以已经进行的投资为给定前提被任命去往现场，在被任命的现场最大限度地取得理想的结果。所以对他们来说，不会关心"投资了多少""作为部门占用了多少资产"，只要关注"部门损益"就足够了。笔者将其称为"店长水平"，没有什么贬与褒的意图，只是想表明大企业事业部部长的工作属于"店长水平"的实际状况。

这样的部长等到成为董事后，指望一夜之间就变成"投资专家"是不可能的。

在升任至部长的职业生涯中，他已经积累了足够多的向顾客销售商品之类的经验，因为具备经验并且特别优秀才能当上部长。可是这些经验只是商业活动的一部分。

通过投资获得与风险相匹配的回报，才是"商业活动"的全部。到目前为止，部长应该看到过个别投资项目利润率的计算资料，但是由于没有从负责任的角度审视部门业务整体的"百分比"，所以从来也没有认真地用"百分比"考虑过。从这个意义上来说，不客气地讲，日本企业的很多部长都没有从事过真正的商业活动。这样的人成为董事的话，何以能够经营整个企业？

从部长变成董事尽管身份发生了转换，但很多人的思维方法依然停留在部长时代。在上市公司中，如果资产合计 5 000 亿日元的公司获得经常性利润 50 亿日元，比去年增加了 20 亿日元，至今都有部分董事真心认为这是好事。实际上 ROA 只有 1%，这和长期投资日本国债的回报是一样的。难道这家公司从事的商业活动比投资日本国债都更安全吗？真是令人无语至极。

再聊另外一个话题。

人们可能会持有以下不同的观点。"过度在意 ROE 和 ROA 的经营未必就不好""如果光听投资者的意见，视野会变窄""如果只关注 ROE 和 ROA，那么将无法站在长远角度进行设备投资和新业务领域拓展，也无法继续从事对社会有价值的活动"。

非常遗憾，这些意见都带有一定的片面性。有心人一定要从此改变认知，并且改变一定要彻底。下面进行具体说明。

"只在意短期业绩的投资者"本来就不能称为投资者，这样的投资者在不断减少。雷曼事件以后，以养老基金为首的长期投资者实际上主宰了全球资本市场。笔者不是在贬低旧有形象的短期投资者，而是希望企业能够成为长期投资者的关注对象。

长期投资者所希望的，是以养老基金为代表的投资者未来 20 年或 30 年都可以稳定地持续持有其股票的公司能够实现长期增长和繁荣。这也表明，为社会做出贡献是目前世界的主流观点，同时也是 ESG 和 SDGs 的由来，反映了全球资本市场中因长期投资者崛起带来的社会构造的变化。有利于长期成长的投资和新业务领域的开拓，才是他们所希望的。当然并不是说这有多好，而是想强调不能单纯算眼前账。

新开拓的业务领域在最初的 3 ～ 5 年会持续亏损，这是符合常识的。有些企业一律用"3 年为期限""5 年自动退出"等规则来进行决策。从商业运作的角度来说，这是一种很肤浅的想法。如果是应该继续的事业，那么不管是 20 年还是 30 年都应该继续。而应该停止的事业，哪怕只运行了 3 个月也应该停止。这是理所当然的事，只有没有商业常识的人才会执行亏损 3 ～ 5 年就一律退出之类的规定。

但是，光看 P/L 的话，亏损达 3 年之久后，企业会逐渐失去斗志，而外界却会发出"这样的亏损要持续到什么时候"之类的呼声。之所以这样，是因为企业没有通过受托责任的说明充分披露应该继续经营的理由，对呼声较高的意见疏于回应，对高管言听计从，这才出现了 3 年内退出等无聊的规则。

那么该怎么办才好呢？不能只看 P/L 而做出停止亏损经营的决策。前面反复提及，商业活动不是追求"比前一年更多的销售额"和"比前一年更多的利润"，而是要获得"与风险相匹配的回报率"。假定某个事业部的 ROA 应达到 10%（本来这个指标不能透露）。如果本年度靠目前的业务实力能达到 12%，也一定要控制在 10%，然后利用另外 2% 的余力，根据事业部的意愿为未来经营打基础，包括 R&D、设备投资、品牌建设、人才培养、新业务领域投资等。评价时只停留在 10%，超过 10% 的 ROA 部分解读为对未来经营的贡献程度，不再纳入部门评价的范围。关于利用余力 2% 进行的对未来的投资，不会追究任何人的责任。这才是以投资回报率为根本应有的经营理念，销售额和利润等绝对金额的议论容易诱发追求"越多越好"，但投资回报率的讨论则提供了引导企业追求"适当"的尺度。与风险相匹配的回报不仅适当，而且可以在回应股东要求的同时，着眼未来。因此，经营者和事业部高层需要准备一个为了未来酌情花钱的"口袋"，而有必要知道的是，ROI 为这个资金口袋的实现提供了初步架构。

关于 ROE 和 ROA 的讨论，前文曾指出，企业越来越无法从长期观点出发进行投资和新业务领域拓展，或者持续从事对社会有价值的商业活动，这一点需重新审视。恰恰是出于长期的考虑，才需要提倡重视 ROE 和 ROA。现在已经不是短期投资者横行的时代，需要长期投资者和全体员工合作，面向未来成长开展经营。尽管有人可能很讨厌这么说，但还是必须说清楚，最好不要再无知地批判 ROE 和 ROA 了，从世界范围来看，几乎找不到还在持批判态度的人。

因为"不了解会计的基本原理"，会计以外都很优秀的日本企业家们在国际竞争中败北。其原因是日本陈旧的会计教育方法……

笔者认为这是日本企业低利润率的最大原因。

4.4 提高 ROE 的方法①：财务杠杆和安全性分析

再回到图中，以下为摘录自图 4-2 的一部分公式。

$$\text{ROE} = \text{ROA} \times 财务杠杆$$
$$\frac{净利润}{净资产} = \frac{净利润}{资产总额} \times \frac{资产总额}{净资产}$$

为了满足投资者和股东的需求，实现"成功的经营"，企业应采取哪些措施提高 ROE 呢？

方法有两种。由于 ROE 等于 ROA 和财务杠杆的乘积，所以一种方法是提高财务杠杆，另一种方法是提高 ROA。

先来谈谈财务杠杆。

请看图 4-3。

财务杠杆效应是指通过借款进行更大的投资，提高 ROI。

假设用手头持有的资金 1 亿日元进行不动产投资。例如决定购买一栋出租公寓。

假设投资收益率[⊖]为房屋购买价格的 10%。（忽略房屋的管理费等。）

手头持有的资金为 1 亿日元。有 A 方案和 B 方案两种。

A 方案：以手头持有的资金 1 亿日元，购买 1 亿日元的房屋。

B 方案：以手头持有的资金 1 亿日元，再加上从银行借的 9 亿日元，购买 10 亿日元的房屋。

（单位：千日元）

	手头持有资金（a）	借入资金（b）	借入资金支付的利息（c）⊖	房屋购买价格（d）	租金收入（e）	投资者获得的回报（f）=(e−c)	房屋的ROI（e/d）	投资者获得的ROI（f/a）
A 方案	100 000	—	—	100 000	10 000	10 000	10%	10%
B 方案	100 000	900 000	27 000	1 000 000	100 000	73 000	10%	73%

A 方案的 B/S		B 方案的 B/S	
资产（d） 100 000	负债（b） 0	资产（d） 1 000 000	负债（b） 900 000
	所有者权益（a）100 000		所有者权益（a）100 000

A 方案的 P/L		B 方案的 P/L	
支付利息（c） 0	租金收入（e） 10 000	支付利息（c）27 000	租金收入（e） 100 000
利润（f） 10 000		利润（f） 73 000	

ROA=(e)/(d)=10 000/100 000=10%　　　　ROA=(e)/(d)=100 000/1 000 000=10%

ROE=(f)/(a)=10 000/100 000=10%　　　　ROE=(f)/(a)=73 000/100 000=73%

如上所述，如果借钱加大投资，投资回报率就会提高，这就是财务杠杆效应。

从公司的情况来看，在 ROA 不变的情况下，对负债的依赖程度越高，ROE 就会越高。

图 4-3　财务杠杆效应

财务杠杆效应的意思是，在从事商业活动时，比起单纯用手头持有的资

⊖　投资收益率 = 年房租收入 / 房屋购买价格 =10%

⊖　假设支付的利息为 2700 万日元。

金投资，借钱进行更大的投资，可以提高手头持有资金的投资回报率。

请阅读图 4-3 的例子。

可以看出，以手头持有资金 1 亿日元进行不动产投资（A 方案）的 ROI 为 10%，而从银行借 9 亿日元投资 10 亿日元的不动产（B 方案），ROI 高达 73%，这就是财务杠杆效应，或者可以简单地称为杠杆效应。

那么，是不是无限制地提高对借款的依赖程度会更好呢？或者，通过不断分红减少留存利润，减少股东权益。此外，是否可以通过回购本公司的股票（用现金从现有股东那里购买本公司股票），减少因出资产生的差额而减少股东权益等，最终提高财务杠杆？

但说到底，增加对负债的依赖程度将会损害财务安全性。

所以接下来说明安全性分析的原理。

请看图 4-4。

安全性分析是对偿债能力的分析。

安全性分析包括短期安全性分析和长期安全性分析。

首先说明一下短期安全性分析。

请看图 4-4 中的流动比率。

流动比率是指流动资产与流动负债的比率。流动资产是预计在 1 年以内回收的资产。这里的回收包括现金回收和投资回收两个方面，笼统地说，可以认为会在 1 年之内回收的资金。

由于流动负债是预计在 1 年内偿还的债务，所以简单来说，流动比率是指在 1 年内预计收回的资金和预计支付的资金之比。当然，收回的资金相对较多时比较安全。尽管大都认为目标值应为 200%，但相比于具体的数值，更应忠实于基本原理，通过与过去比较和与其他公司比较等方式，冷静地进行分析。

速动比率是"更严格的流动比率"。从流动资产中特意提取流动性、可变现性强的资产作为速动资产。在没有详细信息的情况下，只需从流动资产中扣除存货，就可计算速动资产的金额，因为存货可能卖不出去。虽然不少人认为速动比率的目标值应为 100%，但最好是通过与过去或其他公司认真比较后再进行决定。

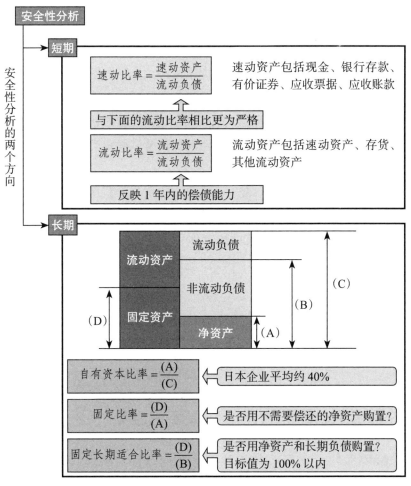

图 4-4　安全性分析

注：1. 安全性分析中的"安全性"是指公司的支付能力。
　　2. 判断公司短期支付能力的指标为"速动比率"和"流动比率"。
　　3. 判断公司长期支付能力的指标有"自有资本比率""固定比率""固定长期适合比率"。

接下来再谈谈长期安全性分析。

长期安全性分析的第一个指标是自有资本比率。从国际上来看，尽管日本大企业自有资本比率的平均水平过去很长时间都较低，但最近受留存利润增加的影响而达到了 40%，感觉有超过欧美企业的势头。在经济快速增长的国家，很多公司的自有资本比率往往较低。这是由于企业成长先于资本市场的成长，对银行借款等依赖的程度很高。

再来看固定比率和固定长期适合比率。这两个比率反映如何筹措回收时间较长的固定资产投资的资金。回收期限为 10 年的投资，所需资金如果通过 1 年期短期借款筹措的话，1 年后就必须偿还。如果到时可以"用新贷还旧贷"的话，也许没什么问题。但如果公司的经营恶化，银行也许不会提供新的贷款。从这个角度上来说，用流动负债筹措固定资产所需资金是有风险的。

筹措固定资产的资金时，最安全的是在净资产的范围内进行。固定资产和净资产的比率称为"固定比率"。安全性仅次于净资产的是长期负债。固定资产与净资产和长期负债之和的比率称为"固定长期适合比率"，该比率最好在 100% 以内，并且保持相对不变。超过 100% 意味着部分固定资产的资金是通过短期负债筹措的。

不过，作为公司，理想状态也并不是无借款经营，而是有必要根据公司所处的状况和环境，随时调整杠杆比率。这通常是高管和首席财务官（CFO）的工作。

4.5　提高 ROE 的方法②：提高 ROA

提高 ROE 的一个方法是提高杠杆率，另一个是提高总资产报酬率（ROA）。

请看图 4-5。

这里的 ROA 是利润 / 资产合计，但分母与分子同时乘以"销售收入"后，可以分解为两个分数。如图 4-5 所示，分别是总资产周转率和销售利润率。

这两个比率可以有更多的变换。

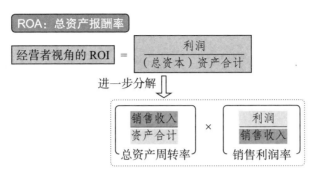

图 4.5 提高 ROA 的分析

总资产周转率中的"总资产"即资产合计，可以换成有形固定资产、销售债权、存货等来计算，也可以将其与过去、其他企业、目标进行比较。进行各种各样不同的计算，其目的在于帮助企业发现本企业的特征和企业的突出表现。

"周转率"一词的含义是将资产视为投资，反映"可以产生相当于资产投资金额多少倍的销售收入"。销售利润率一定的情况下，提高总资产周转率可以提高 ROA。一定要细分资产类别或区分不同部门进行计算，找出需要改善的地方。

销售利润率也可以尝试进行很多分析，如毛利率水平、营业利润水平、经常性利润水平等。总资产周转率一定的情况下，提高销售利润率会提高 ROA。该比率同样也尽量按部门和各利润指标计算，以便找到需要改善的地方，同时也有助于对改善效果进行监控。

根据笔者的印象，在最近几年的时间里，日本企业不是以金额为基础，而更倾向于以营业利润相对于销售收入的比率来看待营业利润。这是一个很好的趋势，光看金额去分析 P/L 的话，容易忽略各种比率的恶化，所以比率分析有意义。

4.6 透过实际数字看日本企业的经营之道

学习了主要的经营指标后，来稍微看看实际的数字。

财务省提供法人企业统计年报的资料，该数据包括日本的部分中小企业和大部分大企业。

接下来请看日本企业 50 多年来财务报表的数值, 以及由此计算出的经营指标的数值。然后笔者将展示自己的解释, 希望大家也能自由地进行解释。

下面根据个人判断, 将分析期间进行如下区分。

1966 年 3 月期~ 1975 年 3 月期的 10 期平均值	高度经济成长期的后半期开始到第一次石油危机
1976 年 3 月期~ 1995 年 3 月期的 20 期平均值	日本走在世界前列的时代
1996 年 3 月期~ 2015 年 3 月期的 20 期平均值	失去的 20 年
2016 年 3 月期~ 2022 年 3 月期的 7 期平均值	重振日本的时代

将 2022 年 3 月期 1 年的数据作为参考。

下面来看看实际的数字⊖。

首先来分析 P/L。

表 4-1 列出了以样本对象企业合计为基础的销售收入、营业利润、本期净利润、附加价值的金额。

表 4-1 以金额为基础分析 P/L

(单位: 10 亿日元)

时间	销售收入	营业利润	本期净利润	附加价值
1966 ~ 1975 年	208 282	9 597	3 855	35 151
1976 ~ 1995 年	1 022 239	30 726	8 794	177 112
1996 ~ 2015 年	1 427 481	38 027	15 224	272 472
2016 ~ 2022 年	1 465 557	57 344	51 655	303 780
2022 年 3 月期单年度	1 447 888	54 216	63 007	306 233

观察 P/L 可以发现, 在过去 50 多年的时间里, 总体上来说, 日本企业每年都实现了"超过上年的销售收入"的目标。耐人寻味的是, 即使在失去的 20 年间, 销售收入也大致处于微增的状态。2016 ~ 2022 年的动向更加值

⊖ 关于各数值, 对没有明确列出的数值根据需要进行了推算等调整。关于附加价值的计算, 采用净利润 + 人工费用 + 支付利息 + 租金费用 + 各项税金的方法进行计算。

得深思，销售收入只是稍微有所提高，看起来令人担忧。但是后面的分析将会提及，其实销售收入以外的重要指标在最近 7 年间取得了很大改进。

营业利润的金额又如何？过去 50 多年来同样在不断增加。另外，最近 7 年间的增速很快。

总之，如果只看 P/L 金额的话，可以说日本经历了销售收入稳定增长的半个世纪。但是只看 P/L 金额，充其量只会让人感觉"**数字增加了，真不错**"。前文曾多次指出，只看 P/L 并且只以金额为基础进行讨论，是非常错误的想法。

那么不以金额为基础，而是以比率为基础分析 P/L 的话，结果会如何呢？结果如表 4-2 所示。

表 4-2　以比率为基础分析 P/L（对销售收入的比率）

时间	毛利率	人工费用	其他销售管理费用	销售管理费用合计	营业利润率	附加价值率
1966 ～ 1975 年	17.40%	10.80%	2.00%	12.80%	4.60%	16.70%
1976 ～ 1995 年	18.50%	12.20%	3.30%	15.50%	3.00%	17.20%
1996 ～ 2015 年	22.60%	13.80%	6.10%	19.90%	2.70%	19.10%
2016 ～ 2022 年	25.20%	13.80%	7.50%	21.30%	3.90%	20.70%
2022 年 3 月期单年度	25.90%	14.30%	7.90%	22.20%	3.70%	21.20%

怎么样？是不是很多问题都会暴露出来？

首先可以关注以下几点：

- 毛利率（销售总利润率）在过去 50 多年中几乎一直处于增长状态。
- 销售管理费用（销售费及一般管理费）对销售收入的比率的增速超过毛利率的增速。
- 营业利润率在 50 年期间内大幅降低。
- 2016 ～ 2022 年的营业利润率正在持续恢复。

实际上从美国的数据⊖来看，尽管是过去 30 年左右的比较，但是也可以

⊖　美国的数据来自于 United States Census Bureau 的 Quarterly Financial Report。因为是按行业分类的，所以使用了制造业，但笔者判断基本上没有误导性数据。

得出以下结果：

- 毛利率增幅比日本大很多。
- 销售管理费用和日本一样，也发生了增加。
- 营业利润率完美地保持了稳定。

顺便说一下，欧洲也有和美国相似的倾向。

对于日本企业和欧美企业的区别，笔者进行如下解释。

- 销售管理费用相对于销售收入的比率的增加，大致反映了发达国家共通的结构性社会变化。
- 在逐年增加的销售管理费用的加持下，欧美企业实施了提高销售价格的策略，从而维持了稳定的营业利润率。
- 日本企业并非没有提高销售价格，但是其提高幅度低于销售管理费用的上升幅度（最近稍微有所改善）。

更详细地说，人工费用在销售管理费用中所占的比例增长缓慢，与欧美相比，该倾向相对更为明显。

说得难听点，以下几个方面值得关注。

发达国家都存在销售管理费用率上升的现象，但为此向顾客正当收费方面，只有日本企业努力得不够。与欧美国家相比，向员工支付的人工费用相对较低。2015 年以后，开始重视 ROE 等投资回报率指标，特别是以归属于股东的最终利润（本期净利润）为基础的数字有了改善。为提高最终利润（本期净利润）率，人工费用的增长受到了抑制。其结果是 GDP 没有增长，日本与其他发达国家相比，地位大大降低。

现在，日本政府在政策上重视"分配"，笔者对此非常赞成。

在经历了失去的 20 年后，日本企业开始采用重视投资回报率的经营方式（虽然重视 ROI 的公司和至今还不了解 ROI 的公司呈两极分化状态）。

但是，日本企业仍然缺乏向顾客正当收费的动力，而仅注重控制经费支出，特别是降低花在最听话的员工身上的成本（人工费用）。

不管是否会遭围攻，笔者都认为"优秀的经营者是面向顾客的，那些拿听话员工开刀的经营者谈不上优秀"。

现在，受原油价格高企、日元贬值等成本上升压力的强烈影响，各种产业都迎来了涨价高峰。虽然过度涨价不可行，但是销售价格的提高与 GDP 上升紧密关联，因此也意味着机会的到来。

下面再看 B/S 的数据分析（见表 4-3）。

表 4-3　以金额为基础来看 B/S

（单位：10 亿日元）

时间	总资产	自有资本	自有资本比率
1966 ～ 1975 年	151 005	23068	15.3%
1976 ～ 1995 年	762 482	135 059	17.7%
1996 ～ 2015 年	1 362 300	403 501	29.6%
2016 ～ 2022 年	1 785 830	733 798	41.1%
2022 年 3 月期单年度	2 015 723	816 343	40.5%

从 B/S 的金额来看，可以发现无论是总资产（资产合计）还是自有资本（净资产）都处于增长状态。只看 B/S 的金额的话，给人的感觉只能是"**今年也增加了，真是太好了**"。

不能只将多个年度的财务报表金额横向排列（虽然很烦人），而要**通过比率进行分析**。

话虽如此，最近总资产和自有资本同时上升的现象还是比较突出的，对此再以比率为基础加以分析（见表 4-4）。

表 4-4　B/S 和 P/L 相结合的分析

时间	ROA（以营业利润为基础）	ROA（以本期净利润为基础）	财务杠杆	ROE
1966 ～ 1975 年	6.3%	2.1%	6.6	18.3%
1976 ～ 1995 年	4.3%	1.2%	6.0	7.5%
1996 ～ 2015 年	2.8%	1.1%	3.6	3.4%
2016 ～ 2022 年	3.2%	2.9%	2.4	7.0%
2022 年 3 月期单年度	2.7%	3.1%	2.5	7.7%

如表 4-4 所示，在过去的 50 年间，ROE 和 ROA 都显著减少了，2016 ～

2022 年有改善的趋势。

可以看出，ROA（以营业利润为基础）减少的状况为 6.3% → 4.3% → 2.8%，最近略有恢复。

ROE 也呈现 18.3% → 7.5% → 3.4% 的下降趋势，之后如同突然改变了主意一样，最近进入了恢复期。

ROE 等于 ROA 乘以财务杠杆。

总资产在 2016 ~ 2022 年快速增长。本以为财务杠杆也会增加，但事实是财务杠杆出乎意料地出现了下降。换句话说，自有资本比率正在大幅度提高。

这就是所谓的内部留存（用会计术语来说，称为留存利润比较妥当）增加的原因。

2022 年 3 月期，自有资本 816 兆日元中，约 63%（相当于 516 兆日元）为内部留存。内部留存在截至 2022 年的最近 10 年间增加了 8 成，其影响非常大。此外，不少人认为 M & A 的增加对总资产增加的贡献较大。

如此看来，尽管日本企业的 ROE 长期低迷，但从 2016 ~ 2022 年来看，恢复是基调。以营业利润为基础的 ROA 依然值得关注。

再次与美国相比。日本的 ROA 低于美国。

与日本相比，美国企业的 ROA 受景气程度的影响而大幅波动，过去 20 年间，出现过 3 次大的业绩恶化，分别是 20 世纪 80 年代末，2001 年（"9·11"事件发生那年）左右，2008 年（雷曼事件）左右。不过尽管这些时期的业绩很不理想，但还是比较快地实现了逆转。

通常情况下，ROA 大概为 8% ~ 10%，即使出现波动，也会回到该水平。像日本这样长期出现单边减少的情况通常是没有的。

另外，与大企业相比，日本中小企业的 ROA 低 1% ~ 2%，但美国中小企业反而要高出 2% ~ 3%。

关于日本中小企业，虽然笔者认为它们存在工作效率低下方面的问题，但在此不打算展开讨论。

就大企业而言，**日本企业的 ROA 只有美国企业 ROA 的一半左右（以营**

业利润为基础）。这反映出两国在生产效率数值上还是存在差异的。

根据前文可知，ROA= 总资产周转率 × 销售利润率。

尽管这里没有列举数字，但日美企业的总资产周转率其实没有太大差别，导致 ROA 不同的原因是销售利润率的差异。

笔者个人认为，销售利润率低于美国的原因在于**商品的价格**。**在美国，由于投资回报率与风险相匹配的观念被认为是理所当然的**，所以年度预算的制定是以获得与商业活动风险相匹配的投资回报率为前提的，据此倒算商品的价格。

有些做法是日美企业共通的，如销售人员跟客户讨价还价时，要把握价格降低的底线，要以年度的利润预算为基础，经理层只关心每月预算的实际业绩。

日美企业最大的不同在于形成年度利润预算时的考虑方法存在差异。

- 回报率与风险相匹配作为前提条件（多为美国企业的经营者）。
- 以销售收入超过上年度，营业利润超过上年度为目标（多为日本企业的经营者）。

笔者不认为美国企业什么都好。有些美国企业无视 ROE 和自有资本比率（不在乎过度负债），只要股价能够上升，制定分红政策时可以将年度利润指标置之度外，也可能支付巨额资金购买本公司股票。有的经营者为了获得与股价挂钩的股权报酬而不择手段。笔者对此类经营者的做法不仅完全不赞同，还感觉很危险，日本企业完全没有必要模仿这些做法。然而，缺乏投资回报率理念的问题的确也让人困惑。笔者认为首先要从了解基本的会计和金融⊖入手。

在迄今为止的竞争中，很多企业一直在努力追求低价格和低成本。感觉全日本都在挑战薄利。尽管薄利多销也不错，但由于人口在减少，所以这种观念也不一定总对。采取反复涨价策略的境外企业最终都促进了所在国家

⊖　此处金融的英文是"management of money"。用 management 表达包括追求回报在内的"管理"，多数情况下与反映"控制"的 control 相区分。

GDP 的增长，与日本的企业形成鲜明对比。

今后，对于即使努力增加附加价值，也不能正当地得到价格补偿的商业活动，企业应该终止，选择新的经营领域。由于缺乏新的商业经营思路和意识，企业只能盯着失去前途的现有经营领域。这是一个需要对开拓新业务领域真正充满渴望的时代，其本质远不止"想从事业务经营吗"或者"喜欢从事业务经营吗"这么简单。

同时也有一种观点，认为日本目前正处于从股东资本主义向利益相关者资本主义转换的时期。

在这样的时代巨变面前，讨论学习 ROI 是不是已经晚了？

不晚，笔者认为恰恰相反。正是因为众多新的语言和信息交替出现，才需要对基本原理的理解。做到"大致明白"无论对董事级别的高管，还是对所有员工来说都不难。但是看清时代，或者创造变化的人，往往总能立足于本质进行思考，并且能履行受托责任。从这个意义上来说，很多人"虽然有想明白的愿望，但其实并没有明白"。在"懂了"和"不，还没懂"之间不断切换很重要，应该将"不断质疑"作为会计的根本和 ROI 的根本。

4.7　会计入门后的下一步是风险管理

在此要考虑一下企业的终极形象。企业消除了不必要的浪费，调整了低利润率的业务，保持了适当水平的财务杠杆。在考虑达成这些效果的前提时，企业需要回答如何做才能实现较高的 ROA。

答案是明确的，就是挑战高风险业务活动，这样可以追求高回报。

笔者认为，风险管理这个词在日本企业中有时会被误用。非常遗憾，在问及什么是风险管理时，经常会得到"不发生事故""不出现失败"的回答。当然，不发生事故等的确是风险管理的重要部分，但这不是风险管理的终极或本质目的。

风险管理的本质目的是"积极挑战风险"。

企业因追求回报而存在，今年的回报比去年要高，明年的回报要高于今年。唯有追求更大的回报，企业才能存在。但是，如果在不具备风险管理能力的情况下挑战巨大的风险，那无异于盲目冒险，作为企业是不应该的。

风险管理的本质，就是**"提高风险管理能力，让企业放心地挑战更大的风险"**。提高风险管理能力与追求更多回报对企业来说完全相同。因此，风险管理的讨论绝不应关注"防御"和"面向过去"，而应关注全面"攻击"和"面向未来"。

其他企业因畏惧而做不到的事情，本企业堂堂正正地去挑战，以往没能去做的事情今年决定挑战，并为此认真提高本企业的风险管理能力。能做到这一点的企业就是成长的企业。

现在日本企业采用的风险管理方法，是从美国引进的。这些方法产生的背景是 20 世纪 80 年代末到 20 世纪 90 年代初期的经济萧条和企业倒闭。**其实"积极挑战风险的风险管理"对美国人来说太理所当然了，不会写在风险管理的教科书上**。笔者认为，这是日本企业对风险管理产生误解的背景。

非常遗憾的是，很多日本企业对待风险管理的态度永远都是"被迫去做""只从形式上应付""摆出做的样子"。对企业一线的业务部门来说，风险管理是不是一种"麻烦的工作"？如果是，那么很抱歉，该企业目前还不是一家成长的公司。

"为了获得利润而提高风险管理能力"。作为商业经营，这是一个再"理所当然"不过的事了，企业现在就有必要认真地去做。因此，不仅仅是高层管理人员，董事会成员、一般管理人员、普通员工都需要知道风险管理的真正含义。

后记

　　复式簿记引进日本以后，经过了一百多年，虽说复式簿记在会计领域普及了，但从事会计工作以外的人，对会计理解的透彻程度究竟有多深呢？虽然经济活动呈现大企业化、复杂化等特点，但"学者"和"富人"，甚至在企业工作且担负重任的很多商务人士，至今也还不了解会计的基本原理，对自身企业的利润率有多低根本就漠不关心。笔者认为有必要弄清楚原因在哪里，并对其进行解释和说明。

　　此次从出版社获得了非常珍贵的机会，成全了本书的出版。本书不仅反映了时代变化，还力求做到"更严密、更容易理解"。

　　笔者与印象学习株式会社的藤山晴久先生一起进行了近20年面向企业的会计入门培训。虽然以资产负债法为中心的会计入门解说方法逐渐清晰，但还完全不够。希望关注该方法的人今后能不断推广，一起改变面向商务人士的会计入门教育。

　　希望从事会计教育的各位，一定自由地、积极地利用本书以资产负债法为中心的会计入门诀窍（完全不需要事前联系笔者）。

　　最后，借此机会向给予本书指导的日经BP社的森川佳勇先生表示衷心感谢。

吉成英纪

2023年3月

作者简介

吉成英纪
吉成咨询董事长

　　庆应义塾大学商学部毕业。1987 年入职英和会计师事务所（现あずさ会计师事务所）。从事过不良债权的债权核定业务、外资银行审计及咨询业务。独立创业后从事的业务包括：不良债权核定、并购、业务审计、会计咨询、金融咨询、经营分析等。基于丰富职业生涯经验开设的培训课程，获得很多企业和团体的好评。著作有《世界精英如何利用会计：全新的会计教科书》《实现进攻性经营：真正进行风险管理的书》（日经 BP 社出版）。

会计极速入职晋级

书号	定价	书名	作者	特点
66560	49	一看就懂的会计入门书	钟小灵	非常简单的会计入门书；丰富的实际应用举例，贴心提示注意事项，大量图解，通俗易懂，一看就会
44258	49	世界上最简单的会计书	（美）穆利斯 等	被读者誉为最真材实料的易懂又有用的会计入门书
77022	69	新手都想看的会计入门书	（日）吉成英纪	独创口诀形式，可以唱读；运用资产负债法有趣讲解，带你在工作和生活中活学活用
71111	59	会计地图：一图掌控企业资金动态	（日）近藤哲朗 等	风靡日本的会计入门书，全面讲解企业的钱是怎么来的，是怎么花掉的，要想实现企业利润最大化，该如何利用会计常识开源和节流
59148	69	管理会计实践	郭永清	总结调查了近1000家企业问卷，教你构建全面管理会计图景，在实务中融会贯通地去应用和实践
69322	59	中小企业税务与会计实务（第2版）	张海涛	厘清常见经济事项的会计和税务处理，对日常工作中容易遇到重点和难点财税事项，结合案例详细阐释
42845	30	财务是个真实的谎言（珍藏版）	钟文庆	被读者誉为最生动易懂的财务书；作者是沃尔沃原财务总监
76947	69	敏捷审计转型与超越	（瑞典）托比·德罗彻	绝佳的敏捷审计转型指南，提供可学习、可借鉴、可落地的系统解决方案
75747	89	全面预算管理：战略落地与计划推进的高效工具	李欣	拉通财务与经营人员的预算共识；数字化提升全面预算执行效能
75945	99	企业内部控制从懂到用（第2版）	冯萌 等	完备的理论框架及丰富的现实案例，展示企业实操经验教训，提出切实解决方案
75748	99	轻松合并财务报表：原理、过程与Excel实战（第2版）	宋明月	87张大型实战图表，教你用EXCEL做好合并报表工作；书中表格和合并报表编制方法可直接用于工作实务
70990	89	合并财务报表落地实操	蔺龙文	深入讲解合并原理、逻辑和实操要点；14个全景式实操案例
77179	169	财务报告与分析：一种国际化视角（第2版）	丁远 等	从财务信息使用者角度解读财务与会计，强调创业者和创新的重要作用
64686	69	500强企业成本核算实务	范晓东	详细的成本核算逻辑和方法，全景展示先进500强企业的成本核算做法
74688	89	优秀FP&A：财务计划与分析从入门到精通	詹世谦	源自黑石等500强企业的实战经验；七个实用财务模型
75482	89	财务数字化：全球领先企业和CFO的经验	[英]米歇尔·哈普特	从工程师、企业家、经济学家三个视角，讨论财务如何推动企业转型的关键杠杆
74137	69	财会面试实用指南：规划、策略与真题	宋明月 等	来自资深面试官的真实经验，大量面试真题
55845	68	内部审计工作法	谭丽丽 等	8家知名企业内部审计部长联手分享，从思维到方法，一手经验，全面展现
72569	59	超简单的选股策略：通过投资于身边的公司获利	爱德华·瑞安	简单易学的投资策略，带你找到对你来说有可能赚钱的股票，避免错过那些事后会后悔没买进的好股票
73601	59	逻辑学的奇妙世界：提升批判性思维和表达能力	[日]野矢茂树	资深哲学教授写作的有趣入门书；适合所有想在工作、学习和生活中变得更有逻辑的人
60448	45	左手外贸右手英语	朱子斌	22年外贸老手，实录外贸成交秘诀，提示你陷阱和套路，告诉你方法和策略，大量范本和实例
70696	69	第一次做生意	丹牛	中小创业者的实战心经；赚到钱、活下去、管好人、走对路，实现从0到亿元营收跨越
70625	69	聪明人的个人成长	（美）史蒂夫·帕弗利纳	全球上亿用户一致践行的成长七原则，护航人生中每一个重要转变